在地、
在教會、
在城市

RE: 神學與公共系列

從空間進路到神的國度

盧惠明　著

▼

Re: 神學與公共系列

從空間進路到神的國度：在地、在教會、在城市

A Spatial Journey to the Kingdom of God:
on Earth, in the Church and in Cities

作者
盧惠明

責任編輯
羅慧琪、陳慧

裝幀設計
奇文雲海．設計顧問

■

出版／發行
基道出版社
香港沙田火炭坳背灣街 26 號富騰工業中心 10 樓 1011 室
LOGOS PUBLISHERS
Unit 1011, 10/F, Fo Tan Ind. Centre, 26 Au Pui Wan St., Shatin, Hong Kong
電話：(852) 2687-0331　傳真：(852) 2687-0281
網址：https://www.logos.com.hk

承印
陽光（彩美）印刷有限公司

●

10/2023 初版
Cat. No. LP949
ISBN: 978-962-457-645-0

Printed in Hong Kong

刷次	10	9	8	7	6	5	4	3	2	1
年份	2032	2031	2030	2029	2028	2027	2026	2025	2024	2023

系列緣起 ——— 鄧紹光

基督教信仰源自其對聖經——上帝的話語——的閱讀。因為上帝的話語不是抽象的，而是具體的，所以基督教信仰作為上帝話語的重述，也當是具體的，不是抽象的。上帝話語的具體性，可以從上帝所使用與我們溝通的聖經而看見，這具體性其中一個意思，就是針對祂的讀者的具體處境而言說，並非泛泛而談。因為針對具體處境，要糾正偏差、創造新的景況，所以是具體的。但是另一方面，上帝的話語之所以為具體，也在於其為真實的，要清除非真實的，並創造真實的。先知所說的：上帝的話語一旦發出，就不會落空，決不徒然返回（參賽五十五11），正是這個意思。上帝的話語，就是要創造真實無妄的實在。這個真實無妄的實在，也是具體的。

上帝的話語所針對的處境，要創造的真實無妄的實在，不單是個人的，並且也是社羣的，甚至是普世的。是以，上帝的話語是公共的，重述上帝話語的基督教信仰也當是公共的。這種公共性，可以從律法所涵蓋的幅度而看見。一方面，舊約的律法是賜給一個包括眾多個體在內的羣體；另一方面，它所涉及的範圍，包括宗教的、政治的、倫理的、文化的、經濟的、土地的，是羣體的全幅生活。耶穌來是要成全律法，那麼祂在世的生活自然也無妄地展現出律法的公共性。因此，耶穌活在羣體之中，甚至創造新的羣體，祂的教導與踐行也充滿宗教的、政治的、倫理的、文化的、經濟的、土地的意涵。猶太人的律法是上帝賜給他們的，好指引他們的公共生活，耶穌作為成全律法的那一位，具體無妄地活現出律法的各種公共向度。那麼，基督教的信仰作為重述聖經所見證所指向的上帝話語，也必須是公共的。

基督教信仰的這種重述，自然不是千年一面，因為二千年來時代轉變、文化變易，而不能一成不變地照搬過去的一套，卻得運用類比的想像，在昔日的處境、昔日的信息的背景底下，思考今日的處境、今日的信息。因此，基督教信仰的重述，是一種類比的重述，這種重述對於基督教信仰的處境性和公共性，尤其真切。於此，神學思考並不是抽象的，而是具體的，其公共性並不是抽象的，而是具體的。基督教信仰的公共性，乃是具體的公共性而非抽象的公共性。因為上帝的話語乃是具體的公共性而非抽象的公共性。「Re: 神學與公共系列」正是要展示基督教信仰自身的公共性，乃是具體的而非抽象的，而必須回到聖經去，由此激活我們具體的類比想像，從而進行類比的重述，好對我們當下時代的種種處境，盡上當付的信仰思考。

目 錄

III ___在城市

序言

"In a Station of the Metro"

〈在一個地鐵車站〉

The apparition of these faces in the crowd:

Petals on a wet, black bough.

人羣中如幽靈般的面孔：

盡是濕黑粗樹枝上的片片花瓣。

Ezra Pound

龐德[1]

1 Ezra Pound, "In a Station of the Metro," in *Ezra Pound Selected Poems* (London: Faber & Faber, 1977), 53. 筆者中文翻譯。

詩人龐德（Ezra Pound）的〈在一個地鐵車站〉（"In a Station of the Metro"），先以地鐵站這熟悉的城市空間意象，隱喻了我們所處的城市，繼而在視覺上捕捉了城中擠擁人羣如幽靈般的臉龐，也頓時挑起我們在城市如遊魂般匆匆生活的貼身感知。然而瞬間，詩人的敏鋭心靈卻又想像到這些城中眾生的臉龐的美善本質，是如在黑色濕漉漉樹枝上生意盎然的美麗花瓣。龐德疊置了他在巴黎地鐵站瞬間閃現的兩種認知：詩人既感悟到城市匆匆生活的無奈現實，卻又同時看見當中的美善和生命力。同樣地，西蒙斯（Arthur Symons）也經常在倫敦捕捉到平凡城市生活中的美善。西蒙斯更直認，他是虔誠地實踐一種如「眼睛的宗教」（the religion of eyes），才能看得見這城中的美善。[2] 其實對筆者而言，龐德和西蒙斯都是滿有宗教意味的。他們都從精神心靈上跨越了眼前現實的城市，憧憬和相信能為在地眾生帶來美善的城市。

那麼，我們實實在在的基督教信仰和信念，又會指向和憧憬甚麼樣的美善城市呢？源於這迷思，這本書嘗試從神學的空間進路去思考神的在地國度，如何能在地、在教會、在城市可以看得見這在地國度。簡單來説，空間進路可以是

2 Peter Brooker, *A Student's Guide to the Selected Poems of Ezra Pound* (London: Faber & Faber, 1979), 102～103.

探究聖經文本中的空間元素、意象、語境的意義；更可以是結合社會空間理論，分析文本中呈現的空間背景下的社會意識形態及結構，好能更適切地解讀文本。因此，空間進路是以多角度聚焦於空間去研讀聖經，期能帶來新觀察和亮點，以回應現代處境。當中，我們可以從這視野有更好的體會：耶穌是身體力行，為其所處的社會帶來改變和希望。這自然會驅使教會，思考教會作為城市的神聖空間的獨特屬性，以及其在推動符合神心意的城市和社會發展的使命。

這本書共有五章。第一章是聚焦共觀福音所呈現的空間元素及背景，特別是耶穌在世的空間旅程，同時引用社會空間理論作為分析工具，再思考神的在地國度。這章闡述耶穌所宣告的神的國度是同時指向及關乎現世的在地國度，是要為當時當地的社會帶來希望、寬慰及改變。而這國度要能落實在地，是要透過以耶穌為中心的基督信仰羣體，經年不斷地在他們所處的不同但具體及特定的地方，實踐信仰及信念，這是一個自內向外動態的空間擴展運動。更甚的是，新約的約翰社羣和舊約的以色列族羣，在不同時空下都經歷過流散在外，令他們都跨越了以耶路撒冷及聖殿為信仰中心的傳統認知，昇華到接受可移動及流動的神聖敬拜空間，從而深化了他們看重在當下時空下與神同行的信仰經驗，更能體會神的在地國度是要為當下紛亂及動盪的普世，帶來新秩序和希望。

在教會

接下來的兩章轉向在地的教會。第二章是先從聖經研究進路解讀新耶路撒冷及神國度降臨人間的遠象，思考教會在推動新耶路撒冷在地及神的在地城市所肩負的角色。繼而闡述社會變遷神學的論述，其倡議教會在現今全球急促都市化的過程中，固然要在城市中宣講福音，更要敏銳地觀察，並適時回應不斷變化的社會需要和苦難，甚至促進正面的社會變遷。因為，基督信仰要能在現今高度城市化及多元化的世俗城市中，贏得城市人的理解和認同，就有賴其信仰羣體秉行在世的信仰實踐，不局限於關注個人層面的宗教生活，而是肩負使命與世俗者連結，共同成為城市中的一股積極的道德力量，從而轉化和更新我們的城市。英國聖公會及南非教會分別聚焦舊城問題和種族隔離政策——所帶來的結構性貧窮和不公平——作出神學反思和掙扎，然後切實推動正面的社會變遷，便是實踐在地國度的典範經驗。

第三章論述教會作為城市神聖空間的空間屬性。首先，文中指出神聖與世俗在空間本位上並非絕對地排斥。然而，城市空間是有限和具競爭性的土地資源，也是塑造社會意識形態和價值觀的空間舞台；而宗教也是要以具宗教意義的建築語言，在城市中宣示其存在。所以，教會置身於富競爭性的城市空間，是無可避免要與世俗力量相互競爭。

然而，相對其他世俗空間，教會作為城市的神聖空間是有其獨特的空間屬性。文中繼而引用列斐伏爾（Henri Lefebvre）的社會空間理論作為分析工具，闡析神聖空間在富競爭性的城市空間環境下，既要面對的社會政經環境，也要同時適切地彰顯神聖空間的獨特屬性和遠象。文章最後分析了基督教及天主教教會在香港維多利亞時期的空間分佈，以及當今香港的「學校教會」和「樓上教會」分佈現象，從而探討香港教會發展的獨特空間形態。

在城市

本書最後兩章回歸在地的城市。第四章是從空間批判進路解讀創世記的巴別塔敘事，提出巴別塔可以理解為批判現代城市發展的空間意象。這章聚焦聖經文本中所呈現的空間元素、空間關係與張力，以至立體的宇宙觀，從而認為解讀比天高的巴別塔的重點，不應放在人挑戰位於高處的神的行為。文章引用巴什拉（Gaston Bachelard）的後現代空間批判理論，指出人本性對不確定未來和廣闊外在空間會感到恐懼及不安。因此，巴別塔及其城市就是表徵了人熱切追求安居之所，並且以權力支配其所處空間的本性。而這安居空間更是人的心靈庇護所，以擺脫那種流離在外的飄泊存在感。最後，文中會檢視現代城市發展，特別是現代主義下的建築城市運動，指出巴別塔敘事警示了現代人以進步為名，過分依靠科技及資本，竭力地追求高效率的城市發展，卻忽略甚至無視了神的存在。而這無視的後果，就是現代城市傾向無視神領域的律法、秩序、公平和公義等，以及濫用自然資源造成城市與自然空間之間的繃緊張力。

最後的第五章，闡述當代神學「空間轉向」（spatial turn）就今天城市發展所倡議的核心概念和帶來的啟迪。這章會先從地上空間是建基於神與人關係的「關係化地方觀」（relational view of place）開始探索。然後，思考以三一神的「神聖空間性」（divine spatiality）概念而構思的城市神學，再而闡述人要在城市空間體驗到神，才能有真正的在地豐盛生命的論點。最後會論述構建城市的精神心靈康泰，會是未來城市發展的終極願景。事實上，近年神學「空間轉向」思考城市發展的重心，就是回歸「神所啟發的願景」的吶喊，並且認定基督信仰有其獨特的道德感染力，能驅使現代人構建提升人文關懷和促進精神心靈健康的城市發展。其中，葛林（T. J. Gorringe）的營造環境神學表明，能彰顯神的形象和倫理價值的城市發展，才能帶來真正的豐盛生命；而伯格曼（Sigurd Bergmann）更把城市發展提升至宗教層次，認為城市發展應該被理解為一個宗教進程，要從神學的視野去探究和體驗在城市中的「此時此地的神」（God of Here and Now）。然而，這不是基督信仰羣體的孤獨吶喊。同樣的，城市規劃理論學者桑德科克（Leonie Sandercock）倡議，現代城市規劃及發展就該以促進人文關懷為信念，以及關顧人的精神心靈康健。更惹人注目的是，桑德科克明言城市規劃及發展要關注人的精神心靈康健，不應被理解為將宗教納入現實世界的規劃，而這正是城市規劃要邁向近乎範式轉移的新方向。

最後，我要衷心感謝基道出版社吳國雄先生及其團隊的指正及支持，特別是他們看見出版的需要，努力不懈地促成本書能趕及於今年的基督教聯合書展出版，實在令人敬佩。另外，本書第二、三及五章的英文原文，曾分別發表於《建道學刊》第五十五期（2021 年 1 月）、第五十七期（2022 年 1 月）及第六十期（2023 年 7 月）；而第四章原文則發表於《山道期刊》總第五十期（2022 年 12 月）。承蒙《建道學刊》及《山道期刊》刊登拙文，並且允許轉載該四篇文章編收入本書，我在此致謝。此外，我也要特別感謝家人的支持及鼓勵，令我可以安心研讀及寫作。更重要的是，我期盼這書能鼓勵更多人關注及推動我們的城市發展，更祈願基督信仰羣體能透過更多參與城市發展，實踐述行，彰顯那些基督信仰所重視的價值觀，推動社會的正向轉變，從而同時促使人生活在神恩典下的美善城市，得著豐盛的城市生活。

盧惠明

2023 年炎夏 · 香港

I

在地

第 1 章

在地如同在天：從空間批判進路探究神的國度

一、前言

空間批判進路或批判空間（spatial-critical or critical spatiality）是研讀聖經文本的新趨勢，源自聖經研究的空間轉向（spatial turn），但更強調要擺脱傳統上傾向時間性而忽略空間性的聖經研究方法。因此，其方法是注重文本中所呈現的空間元素、語境及其所帶出的象徵意義，並嘗試從跨學科探索新的觀察及亮點，包括應用社會空間理論作為分析工具，期可以從不同的角度研讀聖經，能更適切地回應現代人的處境。[1] 邁耶（Harry O. Maier）及韋內爾（Karen Wenell）都是從空間批判進路探究神的國度（Kingdom of God）的範

1 Stephen C. Russell, *Space, Land, Territory and the Study of Bible* (Leiden: Brill, 2017), 45～46.

例。邁耶及韋內爾啟迪了筆者從空間批判進路，探究四福音書中所闡述的神的在地國度，期盼能透過空間批判的視野帶來新啟迪。筆者會首先從邁耶及韋內爾的論述出發，然後檢視其他相關學者的研究，嘗試綜合地分析四福音書的不同的闡述及重點，綜合所呈現出來一致及連貫的信息。然而，筆者在探索過程中亦會謹記梅雷迪思（Christopher Meredith）的提醒，應用空間批判研讀聖經時，亦要與聖經固有、延續及一致的文本系統性相互融合。[2]

二、時空並存的在地神聖空間

無疑，邁耶及韋內爾都是滿有信心地認定空間批判進路可以為探究神的在地國度帶來新啟迪。邁耶倡議神在地的國度是「時空性並存」（Kingdom of God as Space-Time）；而韋內爾更直指這神在地的國度就是「在地的神聖空間」（Kingdom of God as Sacred Space）。[3]

---

2 Christopher Meredith, *Journeys in the Songscape: Reading Space in the Song of Songs* (Ph.D. dissertation, University of Sheffield, 2012), 14 [dissertation on-line]; available from White Rose eTheses Online website (https://etheses.whiterose.ac.uk/3113/1/Meredith-JourneysintheSongscape.pdf); accessed 27 March, 2022.

3 Harry O. Maier, " Soja's Thirdspace, Foucault's Heterotopia and de Certeau's Practice: Time-Space and Social Geography in Emergent Christianity, " *Historical Social Research* 38.3 (2013): 81; Karen Wenell, " Kingdom, Not Kingly Rule: Assessing the Kingdom of God as Sacred Space, " *Biblical Interpretation: A Journal of Contemporary Approaches* 25.2 (2017): 1～2.

首先，邁耶指出聖經研究一向傳統上較痴迷時間性，因而傾重展示耶穌所宣告的神的國度的將來向度：無論是天啟、終末、或既濟與未濟(apocalyptic, eschatological or "even now – but not yet")的論述。邁耶嘗試擺脫這對時間痴迷而忽略空間的研究方向。他認為要更深化理解神的國度，就必須秉持時空並存的概念以檢視這國度。因為神的國度本質上是「時空性並存」。更準確的說法是，邁耶的空間批判方法論是同時關注聖經文本中的社會空間（to consider socio-spatially），包括其當時當地的社會、經濟及歷史因素，並適當地引用社會空間理論作為分析工具。邁耶指出透過這「時空性並存」的新視野，我們更能體會耶穌在其所處的時空以行動及信息所宣告的神的國度是同時指向及關乎現世。最後，邁耶強調施洗約翰向人所宣講的神的國度只是導向「彌賽亞式的未來」（a Messianic future），而耶穌所宣告的神的國度卻是同時指向及關乎「彌賽亞式的現在」（a Messianic present）。[4]

同樣地，韋內爾也是從空間批判進路探究神的國度。她強調神的國度當然不是世俗的國家，也沒有明確的國王，卻是以上帝為父的神聖國度（sacred Kingdom）。然而，她指

4　Maier, "Soja's Thirdspace, Foucault's Heterotopia and de Certeau's Practice," 76～77, 81, 83～84.

出傳統上理解神的國度的重心卻放在神的王權統治（kingly rule），而排斥了空間性的國度（never the“kingdom”），因而某程度上抑制了從空間維度思考神的國度可以帶來的新體會。韋內爾也是試圖擺脫上述傾重神的王權統治這固有觀念，她的切入點是神的國度降臨在地可以理解為「在地的神聖空間」，特別期盼能在神、人及在地空間的關係及秩序，帶來新的啟迪。[5] 明顯的，韋內爾的「在地的神聖空間」與邁耶的「時空性並存」，都不約而同的指向探究現世及在地神的國度。

三、文本的空間系統性

邁耶及韋內爾的研究方向令人感到興奮及有所期待。然而，梅雷迪思卻提醒，從空間批判進路研讀聖經，特別是應用社會空間理論作為分析工具，必須兼顧其方法論的固有限制。梅雷迪思指出，社會空間理論主要是通過分析，為空間解碼，從而呈現現代資本經濟和意識形態下的社會權力形態及關係，這與聖經文本所呈現的空間結構，無論在歷史、社會、經濟及文化背景都大不相同。因此，他強調聖經文本綜合呈現的，是一個整體文本系統（a kind of textual

5 Wenell,“Kingdom, Not Kingly Rule,”1～8, 11～14, 35.

system），包括所呈現的空間結構都是一個整體及延續的系統。[6] 因此，透過空間批判研讀聖經是可行的，但不應是機械式的「解碼」空間，而是必須要掌握聖經文本中的空間結構及系統，更務求能與這文本系統的脈絡接軌及延續，才能發掘出有意義的新亮點：

> 從空間視野研讀的目的，不應該僅僅是解碼空間，
> 而是透過這空間去發掘文本所蘊含的空間系統性。[7]

四、馬可、馬太及路加的國度

以下會依循邁耶及韋內爾聚焦現世與在地的探究向度，先行從空間批判探討馬可、馬太及路加福音就神的在地國度所闡述的信息。

現世當下的國度

首先，施賴納（Patrick James Schreiner）大致上認同韋內爾，同意探討神的在地國度的焦點應該放在「空間定位性」

6 Meredith, *Journeys in the Songscape*, 14, 17 [dissertation on-line].
7 Meredith, *Journeys in the Songscape*, 14 [dissertation on-line]. 筆者的翻譯。

(locative),而不是「神的統治」(the rule of God)。他亦指出,馬太福音比其他福音書使用了更多與天地有關的空間術語。因此,施賴納認為解讀馬太福音十三章的「國度比喻」(Kingdom parables)時,不要忽略這些比喻都用上各種地上的空間意象,來表述神的國度是要降臨在當下的大地上。比喻中的空間意象包括種子撒落在「路旁」、「土淺石頭地上」、「荊棘裏」及「好土」(太十三 4～8);好種撒在「田裏」(太十三 24);芥菜種子種在「田裏」(太十三 31～32);以及寶貝藏在「地裏」(太十三 44)。種子既是比喻人,也同時是比喻神的道,因此,這就把人和神的道連繫起來。神的道就像種子,是要撒在地上一樣,所以神的國度就是要建立在人的普世大地上。施賴納認為,馬可福音是透過這些地上空間意象的比喻,更清晰地表徵了神的國度的確是「近了」,而且「就在這裏」。不止如此,施賴納更進一步指出,馬太描述了好的麥子和壞的稗子都被容許留在田裏生長,直至收割最後一天(太十三 30)。這更是明明白白地宣示神的國度同時是現在進行式的,就要建立在現在縱使是不完美的現世普世大地上。[8]

---

8 Patrick James Schreiner, *People and Place: A Spatial Analysis of the Kingdom on Matthew*, (Ph.D. dissertation, Southern Baptist Theological Seminary, 2014), 31, 105, 120, 122 ～ 127 [dissertation on-line]; available from (https://repository.sbts.edu/handle/10392/4869); accessed 21 February, 2022.

認知性的空間

同樣地，韋內爾也指出，福音書記述耶穌是以高度空間化的描述語言來談論神的國度，且同時是富有象徵性和隱喻的意義。福音書記述耶穌教導人是要努力、要付出及要滿足要求才能「進入」(enter)神的國度(可九 47，十 14～15、23～25；太五 19～20，七 21)。韋內爾認為「進入」的語意是高度空間化地表徵了神的國度是有「邊界」(boundary)和「進入點」(point of entry)；也是一個「有界限的空間」(a bounded space)，區分了那些「確切在國度內」(a definite "inside" to the Kingdom)和在國度外的羣體(可四 11；太十三 11)。因此，韋內爾提醒人要存立在「正確的邊界內」(the right side of the boundary)。明顯有點弔詭的是，韋內爾清晰地強調這「有界限的空間」並不是我們所經驗到的物理空間，而且這國度的「邊界」和「進入點」，都不是我們感觀的世界中可以看得見、觸摸得到、標記在地上的物理性邊界，而是「認知性」(cognitive)的空間記號。她解釋說，神的國度本質上固然是普世性(universalism)並向全人開放，然而要能進入神的國度卻是要連繫於個人的認知歷程；那就是人是要經過有意識的認知歷程，從認識、理解、思考、判斷到接受，才能跨過這非物理世界的「邊界」而「進入」神的國度，從而確立自己存立在神的國度內(being "in" the Kingdom）。[9]

對史都華德（Eric Clark Stewart）來說，耶穌早已清楚以行動及語言宣示了神的國度內和外的空間概念，且是連繫著人的認知和實踐歷程。史都華德指出在論述真正親屬的敍事中，耶穌儘管知悉他的母親和兄弟就站在外邊，卻環視與他坐在同一空間內的追隨者，然後宣告「凡遵行神旨意的人就是我的兄弟姊妹和母親」（可三 34～35）。耶穌這句「凡遵行神旨意的人」教導，更是要求人要經歷意識上的認知，以及配合相稱的實踐行為，才能跨過「邊界」而「進入」神的國度，存立在這國度的「正確的邊界內」。[10]

接下來，我們自然會問這「認知性」的具體內容又是甚麼呢？卡森（D. A. Carson）的「天國的標準」可以是這問題的答案。卡森認為，神的國度基本上是指向神的動態而活潑有力的王權統治，其所包含的空間意義是次要及衍生的。因此，他自然也認同這國度不是物理性空間的王國。他強調神的王權統治，是要通過基督來傳達，是動態且具拯救和

---

9 Wenell, "Kingdom, Not Kingly Rule," 15～18, 21～23, 28～30. 韋內爾沒有就這「認知性」的屬性作更詳細解釋，但指出宗教禮儀（例如浸禮）便是這「認知性」的行為表現。韋內爾亦指出邊界的論述不一定是指向物質性的邊界。邊界可以是地面上劃分地區的物質邊界；又可以是將社會羣體彼此區分開來的抽象界限；甚至是區分不同思維類別或模式的羣體。

10 Eric Clark Stewart, *Gathered around Jesus: An Alternative Spatial Practice in the Gospel of Mark* (Ph.D. dissertation, University of Notre Dame, 2005), 277 [dissertation online]; available from University of Notre Dame website (https://curate.nd.edu/show/rf55z60643v); accessed 10 March, 2022.

救贖目的。他更以富空間概念的語言及圖示，闡述了宇宙性的國度和耶穌所傳講的國度的概念。宇宙性的國度固然必須包括每一個人；而耶穌所傳講的國度則是這宇宙性國度的一個部分，並且不是每一個人都可進入的。卡森更認定遵行登山寶訓中的八福，就是人要經過認知和實踐歷程，然後才能進入耶穌所宣講的神的國度的「天國的標準」：[11]

> 在登山寶訓中，不是每一個人都進入天國，只有那些靈裏貧窮的人（太五 3），遵行神旨意的（太七 21），和勝過文士和法利賽人的義的（太五 20）。同樣，在約翰福音中，只有從上頭生的才能夠看見和進入神的國（約三 3、5）。[12]

要留意的是，卡森的「天國的標準」涵蓋了人要在現世當下及在地實踐的重要元素。因為，人要在地遵行靈裏貧窮、為罪哀慟、心存溫柔、飢渴慕義、滿有憐恤、保持清心及使人和睦這些信念和行為指標，就不能活在別人看不見或與現實隔絕的環境，而是藉其生活見證，如世上的鹽和光去影響

11　卡森（D. A. Carson）：《主耶穌與神的國度》，何劉玲譯（South Pasadena：麥種傳道會，2003），頁 17～18、20。

12　卡森：《主耶穌與神的國度》，頁 17。

其所在的世界（太五 13 、14～16）。[13]

由空間到地方

韋內爾理解神的在地國度為「在地的神聖空間」。空間是虛無的，不具體及不指向特定地方。然而，韋內爾強調這些彰顯神的在地國度的「在地的神聖空間」，並不是虛無不具體的空間，而是要降臨在地上具體及特定的「地方」（place）。克瑞斯威爾（Tim Cresswell）也指出空間是有別於地方，空間本質上是被視為缺乏意義的領域。人將某種意義投入或以某種方式依附於空間，空間就成了地方。更準確的説法是，地方往往是在由人的文化推動和催化，以及在反覆實踐的創造進程中而成。因此，我們可以從觀看和認識地方，看見意義和經驗世界，甚至看到近乎抗拒世界理性化的行動。[14] 面對這空間與地方二元課程，韋內爾嘗試把較抽離的「神與人和空間」（God-people-space）關係昇華至較具體落地的「神與人和土地」（God-people-land）相互連繫關係。這麼一來，這「在地的神聖空間」便與生活在普世具體

13 卡森：《主耶穌與神的國度》，頁 45～50。
14 提姆．克瑞斯威爾（Tim Cresswell）：《地方：記憶、想像與認同》，徐苔玲、王志弘譯（台北：群學出版，2006），頁 19、21、113。

特定地方或土地上的基督信仰羣體扣上連繫。[15]

因此，韋內爾也指出，這也就是耶穌所教導的，他所宣講的國度可以在任何空間裏，但卻是先在「你們心裏（心裏或作中間）」，然後才是「在這裏」與「在那裏」（路十七 21），儘管神的在地國度在普世任何地方都是「可能的」（potentiality），但這國度卻又不是「無處不在」（not everywhere）。[16] 因為，哪裏有以耶穌為中心而聚集生活的信徒羣體，能按「天國的標準」身體力行實踐，那裏就是降臨在地的天國。對韋內爾來說，這是信徒羣體構建由空間落實到地方的「動態神聖空間」（a sacred space is in motion）。[17] 而從克瑞斯威爾的觀念來看，某程度上這也可理解為是由基督信徒羣體反覆實踐的地方創造進程。

與韋內爾同一思路，史都華德更認定，這些「只叫你們知道」這國度奧祕的基督信仰羣體，就是耶穌所傳講的國度的軸心。馬可福音直接確認了那些以耶穌為中心、在地聚集的基督信仰社羣空間，就是世人可見和可知的神在地的國度：

---

15 Wenell, " Kingdom, Not Kingly Rule, " 23～25, 31～33. 韋內爾的「動態神聖空間」概念是關乎耶穌追隨者的實踐述行，下文會再闡述。

16 Wenell, " Kingdom, Not Kingly Rule, " 26～27.

17 Wenell, " Kingdom, Not Kingly Rule, " 31～32.

> 任何圍繞耶穌聚集而形成的新社區就是神的國度臨在地上的空間。人尋找他，派使者到他那裏，並跟隨他傳播福音⋯⋯。耶穌差遣門徒傳道、醫治和趕鬼，以擴展神的國度在地上的空間。這個空間只有在人子回來並召聚他的選民時才會完全實現。[18]

我們在這裏可以看到流散普世大地、以耶穌為中心所凝聚的基督信仰羣體，各在他們具體而特定的地方認知和踐行信仰，就是落實神的國度降臨在地上。這既是動態的進程，又同時展示著與「廣泛無限普世大地」之間的空間張力。因為，正如史都華德所點出的重點，神的國度臨在地上是一個動態向外空間擴展的運動，其本質上是透過以耶穌為中心的信仰羣體，經年不斷地由他們所處的各個不同但具體及特定的地方，自內而外的向廣泛無限普世大地擴展，一直到世界的每一個角落及直至世界的末了。

動態及流動的神聖空間

與韋內爾的「動態神聖空間」概念相似，史都華德聚焦

---

18 Stewart, *Gathered around Jesus*, 304. 筆者的翻譯。筆者認為史都華德的闡述大致上亦呼應了邁耶的看法，要從所謂「時空性並存的」的概念去理解神的國度。

耶穌在世時的佈道旅程，提出這空間旅程其實已經展示了神的在地國度亦可視為「流動神聖空間」(fluid sacred space)。他叫我們留意，耶穌是一個滿有向心力的佈道旅行者。他親身走在大地上開拓神的在地國度的新空間；而當時的人亦被感召從各地方聚集在他身邊。及後，耶穌更派遣門徒走出去，在各城各地擴展這在地國度的空間。因此，史都華德認為耶穌與他的跟隨者的空間旅程，本質上可以理解為動態的在地「流動神聖空間」。他甚至提出：這以耶穌為中心及外展式的「流動神聖空間」，已經啟迪我們要跨越當時以位於固定空間上的聖殿及猶太教會堂為神聖空間的固有觀念，轉向以耶穌為中心而聚集及向外拓展的流動神聖空間觀念。[19]

莫克斯內斯(Halvor Moxnes)的路加福音解讀亦大致呼應了史都華德的「流動神聖空間」論述，而且更聚焦耶穌在曠野的意義。曠野是一個鮮明的空間符號，它是城市的邊緣地方，一般是意味著社會貧窮低下階層的「邊緣人」(marginals)生活空間。莫克斯內斯留意到，路加福音刻意地用了十章篇幅去描繪耶穌穿越加利利、撒馬利亞和猶大的城市外圍及曠野地方，最後到達耶路撒冷聖城。故此，

---

19 Stewart, *Gathered around Jesus*, 259, 272, 276, 259, 297, 304～305. 史都華德亦觀察到耶穌避開城市，沒有進入加利利的任何主要城市。而城裏的人尋找耶穌，就像他們尋找約翰一樣，在曠野地方圍繞著耶穌形成一個新的羣體。

莫克斯內斯認定，耶穌跨越曠野的「空間旅程」在馬可福音中成了一個空間符號（spatial symbol）。這符號固然寓意耶穌是曠野的先知呼聲，更重要的是這呼聲是特別指向社會上的「邊緣人」。在這個動態及移動的「空間旅程」中，耶穌重複教導他的門徒和追隨者要「離開家鄉並進入一個新的社羣」；這當然是以耶穌為中心而聚集的在地社羣（路九57～62），其中的人亦同時被教導以「服務和受苦」（service and suffering）為願景，關顧世人，特別是社會上的「邊緣人」，好能在地上彰顯這神的國度。[20]

五、約翰的國度

與馬可、馬太及路加福音比較，約翰福音的獨特處是記載了當時流離在外（in diaspora）的「約翰社羣」（the Johannine community）的信仰經歷，如何改變了這社羣的在地的神聖空間觀念，並催化了他們的信仰思維轉變。因此要較完整地理解神的在地國度，下文會引用馬塔塔（Kenneth Mtata）及范德瓦特（Jan van der Watt）的約翰福音解讀，在這課題給我們帶來的啟迪。

---

20 Halvor Moxnes, "Landscape and Spatiality: Placing Jesus," in *Understanding the Social World of New Testament*, ed. Dietmar Neufeld and Richard E. DeMaris (London: Routledge, 2010), 101～103, 106.

在地流離

首先，馬塔塔強調，既然約翰福音的獨特處是記載了當時「約翰社羣」流離在外的信仰經歷，那麼解讀約翰福音就有別於其他共觀福音，應先建基於重構其所記載以耶穌為中心而聚集的「約翰社羣」，理解他們面對當時所處的動蕩社會空間環境，而要作出的信仰反思及重整。馬塔塔認為對於「約翰社羣」來説，第二聖殿被毀、流離和散居在外，仍然是他們歷歷在目的經歷。約翰福音正正展示了，這流離社羣生活在可能是無奈、非預期，卻又真實而陌生的社會空間境況，卻仍然努力踐行神的國度在地而作出信仰反思。馬塔塔注意到約翰福音開始便記述了耶穌潔淨聖殿的敍事，而其他共觀福音卻於較後篇幅才記述此敍事。故此，他相信這反映了約翰福音特別看重聖殿作為神聖空間的意義。約翰的潔淨聖殿敍事固然如其他共觀福音一樣，是譴責與聖殿的不相稱及世俗化行為，但馬塔塔強調約翰同時傳遞了具深層意義的、關乎在地神聖空間的觀念轉變。這也正正是「約翰社羣」重整信仰要面對的課題。

其實，「約翰社羣」當下所面對的信仰挑戰也不難想像。猶太傳統觀念是認定那存立在耶路撒冷的實體聖殿是神降臨在地與人相遇的神聖空間；而猶太羣體的信仰生活亦自然環繞著耶路撒冷的聖殿。因此，這必然對已經真實地遠離聖殿又流離在外的「約翰社羣」帶來信仰上的困惑。從空間批判思考，我們在這裏可以看到，以耶路撒冷聖殿為信仰中心和當時流離在大地的「約翰社羣」之間的空間張力。要釋除這空間張力，馬塔塔指出約翰教導他的「約翰社羣」，要認識「實體的空間定位」(physical located-ness)和「超然空間的屬靈」(spiritual un-located-ness)的二元性。然後，社羣要明白耶穌的跟隨者應要看重的，是神的在地國度的「超然空間的屬靈」，甚至在某程度上是近乎要排斥「實體的空間定位」。所以在這思維下，神聖空間已經不再規限在特定的地方(如聖殿和耶路撒冷)，而是放諸四海的普世皆可以(no place is the ultimate place)。馬塔塔更認為「約翰社羣」(或是任何以耶穌為中心而流散在外地的社羣)，固然在實體空間上是遠離聖殿及耶路撒冷聖城，然而他們卻知道耶穌的「道路、真理和生命」，這已經能超越其所處的物質空間領域的局限，依靠聖靈把握在此時此地認知和踐行，落實神的國度降臨在地上。因此，馬塔塔總結點出「約翰社羣」所處的聖靈時代，就是一個「再沒有指定地方的時代」(an era of no place)，當下此時此地就是「真正的地方」(the true place)。[21]

---

21 Kenneth Mtata, *Space and Place in the Gospel of John* (Ph.D. dissertation, University of Kwazulu-Natal, 2009), 7, 117, 153, 252～253, 295～296, 307～308, 311～312 [dissertation on-line]; available from the Core website (https://core.ac.uk/

此外，范德瓦特更注意到，約翰鼓勵了當時的「約翰社羣」思考耶穌道成肉身的信仰意義，從而超越他們固有的猶太教導及重整信仰，好能妥善回應他們當下流離的處境。首先，范德瓦特認為對於約翰而言，耶穌道成肉身的意義就是將天地空間合併成為一個「新現實」(new reality)，縱使天地仍然是不同屬性的空間，卻不再是「兩個平行運作的空間」(two spatial realities functioning in parallel)。因此，人可以分享神的永恆生命，又與神的國度有分，而神亦在耶穌身上彰顯出來，因為道成肉身的耶穌就是「道路、真理和生命」。所以，約翰告誡「約翰社羣」，既然他們接受了道身肉身的耶穌，及神已經藉著耶穌彰顯出來，就要明白信徒的身分已經被重新定義，同時也重整了他們與神的空間關係。這就是為甚麼耶穌能夠說，人看見了他，就是看見了父(約十四 6～15；另見一 18)。故此，即使人依然故我，仍把思維放在聖殿空間及經文、節期等，但聖殿空間卻已成為耶穌的空間，經文又亦已經成為耶穌的見證。[22]

綜觀馬塔塔及范德瓦特的「約翰社羣」信仰反省經驗，今天活在聖靈時代的基督信仰羣體，就應緊記道成肉身的耶穌才是他們可以在此時此地與神同在的橋梁，而普世大地都

---

outputs/196543760); accessed 17 August, 2022.

22 Jan van der Watt, "The Spatial Dynamics of Jesus as King of Israel in the Gospel according to John," HTS Teologiese Studies/Theological Studies 72:4 (2016): 1, 2, 5.

可以是與神同在的在地神聖空間，聖殿固然可以，但普世大地每一個地方都是「可能的」。

六、實踐述行的神聖空間

那麼，接下來的課題自然就是，這些耶穌跟隨者羣體如何在他們各自所處的此時此地，實踐述行天國在地。事實上，上述從空間批判分析福音書內有關實踐述行天國在地如在天這核心課題時，都在不同程度上應用了列斐伏爾[23]或索雅（Edward Soja）[24]的社會空間理論作為分析工具，從另一

---

23 列斐伏爾提出了一個三元相互關聯的社會空間概念，即「空間實踐／感知空間」(spatial practice / perceived space)、「空間的表徵／構想的空間」（representation of spaces / conceived space）及「表徵之空間／生活經歷空間」（representational space/lived space）。「空間的表徵」是當權者主導及構思的社會空間結構，以維持和促進其主導的意識形態、權力的政治和利益；「空間實踐」則是預設及隱藏的感知層面社會空間，是反映了上述的「空間的表徵」及具凝聚社會的力量；「表徵之空間」是人們對社會生話空間體驗的一種探索，把握機會挪用和改變「構想的空間」，以尋找替代方案去逃避和超越他們日常和無意義的生活體驗。參看 Henri Lefebvre, *The Production of Space*, trans. Donald Nicholson-Smith (Oxford/Cambridge: Blackwell, 1991), 38～39；王志弘：《流動、空間與社會》（台北：田園城市，1998），頁 1～15。

24 參看 Edward W. Soja, *Postmetropolis: Critical Studies of Cities and Regions* (Oxford/Cambridge: Blackwell, 2000), 10 ～ 12; Meredith, *Journeys in the Songscape*, 23 ～ 25 [dissertation on-line]；王志弘：《流動、空間與社會》，頁 17～33。索雅的社會空間理論，無疑是由列斐伏爾的三元空間關係所啟發。索雅提出了三個元素來描繪社會空間和社會權力之關係：「第一空間」（Firstspace）、「第二空間」（Secondspace）及「第三空間」（Thirdspace）。「第一空間」是物質性及可經驗的現實空間；「第二空間」是支配社會的想像和意識形態化空間；「第三空間」是生活和體驗的解放空間，作為打破社會上主導意識形態的具體的舞台。梅雷迪思認為索雅的社會空間理論，可為聖經研究提供了一個從社會空間政治探索

視野去理解及掌握，如何實踐天國降臨在這個不完美的普世大地。

首先，諾特（Kim Knott）指出，應用社會空間理論作為分析工具解讀聖經，其優勢是可以令宗教研究更真實地面向現代世界。空間是由人的行為和互動產生及再生產的，因此人在個人和集體層面的社會關係會通過空間結構表達而可見。[25] 社會或城市空間是塑造社會上主導意識形態和價值觀的空間舞台，意思就是透過看得見的建築及城市空間形態來宣示這一切，亦因此空間本質上是社會上「力量的表徵」（power-full）。[26] 對諾特來說，其實宗教本質上也是社會性的，它在城市空間中會以具宗教意義的建築語言來宣示其存在及信息。[27] 所以，以社會空間理論作為解讀聖經的分析工具，可以有效地洞悉基督信仰羣體在社會上實踐述行天國在地時，仍然要真實地面對的社會及政治空間處境，以及與社會的主導意識形態及價值觀互相競爭。

我們先回到韋內爾。她進一步提出了「實踐述行的神聖空間」（a performative sacred space）的概念，來闡述基督信仰羣體實踐述行天國在地。她這概念就是要點出基督信仰

人性解放（a kind of spatialized politics of liberation）的方法。

25 Kim Knott, "Spatial Theory and Method for the Study of Religion," *Temenos*, vol. 41, No.2 (2005), 159～162.

26 Knott, "Spatial Theory and Method for the Study of Religion," 162～164.

27 Knott, "Spatial Theory and Method for the Study of Religion," 159.

羣體在落實及實現神的在地國度時，目標是去「創造一個新世界」（creates a new world），才能寄予普世新希望，而非只是在自身所處的空間處境中「解碼這國度的含義」（decoding meanings of the Kingdom）。[28] 為此，韋內爾引用了列斐伏爾的社會空間理論，分析耶穌的言行和他所處的空間處境，力證耶穌就是在「創造一個新世界」。韋內爾認為，耶穌在世時所處的一世紀的社會空間結構，基本上是圍繞著那表徵主導宗教力量的聖殿建構起來。聖殿這個空間結構本身已經是當時強大的宗教力量，且在某程度上從屬於羅馬政權，自然也具有一定的經濟及政治影響力。因此，這個中央聖殿就是主導意識及價值觀，是社會「力量的表徵」。這也是列斐伏爾所說的，是當權者的「構想的空間」（conceived space），以支配當時猶太人在社會上的宗教生活的重要工具。聖殿在整個社會或城市空間系統佔有重要及有利的位置，以強化其宣揚宗教思想及規範宗教行為的機構功能：這也就是列斐伏爾術語的「空間實踐」（spatial practice）。例如，潔淨禮儀就是當時猶太社會的「空間實踐」中的重要元素。韋內爾提出，耶穌卻不看重潔淨禮儀的要求，與當時猶太社會的「空間實踐」相違。相反的，耶穌宣告「神的國度」是強調人要愛神、愛鄰舍和仇敵；重新定義這國度下應

---

28 Wenell, " Kingdom, Not Kingly Rule, " 1, 12, 23, 29, 32～33.

有的神、人和土地的連繫關係；更呼召了十二門徒作為這個「神的國度」的新領導。最後，韋內爾以列斐伏爾的社會空間理論術語總結：耶穌的在世言行可視為是改變當時社會的另類（alternative）「表徵之空間」及相應的另類「空間實踐」，為當時當地的社會「創造一個新世界」，帶來希望、寬慰及改變。[29]

接下來，史都華德同樣從列斐伏爾的視野，解讀馬可福音當中實踐天國在地的信息。他也認同耶穌的不認同圍繞食物、疾病和安息日的潔淨禮儀，挑戰了當時公元一世紀以聖殿為軸心的猶太教「空間實踐」。耶穌倡建了另類的「空間實踐」，並要求他的門徒身體力行的遵行。史都華德更著眼於曠野這空間意象，指出馬可福音特意把聖靈與曠野連繫起來（可一 10、12）。因此，他甚至提出這曠野空間意象寓意人要聖潔，就要遠離城內的聖殿及猶太會堂的空間，以及擺脫了其在社會上的主導影響。[30]

另外，莫克斯內斯大概是受到史都華德的另類「空間實踐」所啟迪。但如筆者於上文指出，莫克斯內斯聚焦路加福

29 Karen Wenell, *Jesus and Land: Constructions of Sacred and Social Space in Second Temple Judaism*, (Ph.D. dissertation, University of Glasgow, 2004), 120～121, 170, 216 [dissertation on-line]; available from University of Glasgow website (http://theses.gla.ac.uk/1563/); accessed 10 March, 2022. 韋內爾強調耶穌是不看重潔淨禮儀的要求，但不排斥潔淨的概念。

30 Stewart, *Gathered around Jesus*, 245～246, 252, 259.

音所描述，耶穌由城市邊緣及曠野走到耶路撒冷城中心點的「空間旅程」。莫克斯內斯強調耶穌這走在曠野的「空間旅程」是一個「空間符號」，其所展示的是一個「另類景觀」(alternative landscape)，既隱喻認同當下社會上遭忽略的「邊緣人」，亦同時表徵要「推翻」(subvert)當時耶路撒冷聖殿所主導的宗教意識及行為規範。所以，這「另類景觀」在意義上是如同史都華德所提出的另類「空間實踐」，具有「道德寓意的靈性景觀」(a moral of spiritual landscape)。最後，莫克斯內斯更引用索雅的空間理論，提出耶穌所宣告的國度可以理解為如同索雅所闡述的具解放和抗衡屬性的「第三空間」(Thirdspace)。更重要的是，要推動及實現這「第三空間」在地上，就是要能效法耶穌的「服務」(service)及「受苦」(suffering)來成就神的在地國度，並為普世帶來新的靈性境界和看得見的希望，而不能也不是依靠當時聖殿或當下權勢的力量。[31]

施賴納與莫克斯內斯不約而同認為，馬太福音所闡述的神的在地國度，可以解讀為進行式的「第三空間」。神的國度固然與天國相連，但地上更是實現這國度的舞台。而耶穌的登山寶訓亦清晰地宣示了這個在地的國度，是要以能為人帶來豐盛生命的願景為依歸，為普世的價值觀及秩序等

31 Moxnes, "Landscape and Spatiality," 102～104, 106.

帶來顛倒性（upside-down）的修正。因此，施賴納更強調這國度必須落實在普世空間，而耶穌的登山寶訓所指向的，就是一個「以人為本」（person-centered）的「人文城市」（the humane city），能為普世帶來希望的另類「表徵之空間」：[32]

> 聖經中所描述的國度是一個顛覆的國度，因為在前的將在後，在後的將在前。這是一個與所有其他空間相矛盾和競爭的空間，因為這個空間包含美德、善和完美。人要做鹽和光，意味著要溫順、仁慈、溫和、給予和謙虛。在這個空間裏，即使是被邊緣化的人、病人、有罪的人，也會與國王合而為一。……儘管耶穌來是要重新校正地上的空間秩序（包括帶來的矛盾），但他成就的方式是通過服務、接納，及最終的死亡。[33]

事實上，施賴納在此是引用了沙德格（Philip Sheldrake）的「人文城市」概念。但要留意的是，沙德格及後更進一步倡議「人文城市的靈性願景」（a spiritual vision of the human city）。沙德格認為，耶穌的受苦及死亡啟示了神是

32 Schreiner, *People and Place*, 181～182, 184～185, 204～205.

33 Schreiner, *People and Place*, 184. 筆者的翻譯。

要與人連結在一起，好能幫助他們面對世上種種的矛盾和苦難。因此，神是「轉化」(transform)及「救贖」這世界的力量，而耶穌跟隨者也必須有分參與這「世界的轉化」(transformation in the world)及促進「人與神的復和」(human reconciliation)。[34]

最後，韋內爾認定要在當下的此時此地竭力實踐述行神的國度，耶穌在世的言行就是一個典範。耶穌清晰地展示了，神的在地國度是要為這個紛亂及動蕩的普世帶來新秩序和希望。當然，這有賴當下那些「只叫你們知道」神國度奧祕的耶穌跟隨者羣體，努力地實踐述行，回應普世不斷演變的挑戰。[35] 莫克斯內斯亦強調，耶穌的國度是要建立在當下的社會(for the community in its present time)。[36]

七、聖經文本的系統性

前文引述了梅雷迪思的提醒，從空間批判解讀聖經時，要建基於聖經固有、延續及一致的文本系統性。因此，本文最後要處理的，是要檢視上述從空間批判進路所闡述的神

---

34 Philip Sheldrake, *The Spiritual City: Theology, Spirituality and the Urban* (Oxford/Malden: Wiley-Blackwell, 2014), 204～205.

35 Wenell, " Kingdom, Not Kingly Rule, " 35.

36 Moxnes, " Landscape and Spatiality, " 103.

的在地國度概念，與聖經文本的系統性是否一致及連貫。以下姜振帥從舊約祭司文本分析神的居處，可以提供確切的答案。姜振帥也是依循空間批判的方法，並考究了創作祭司文本時的社會因素以及歷史處境。他首先指出，祭司文本中展示了三種社會空間形態：神的居處空間（即祭祀空間）、以色列族羣的生存空間，以及自然空間。神的居處空間是本文的關注點。

姜振帥接納祭司文本創作時的歷史背景是波斯時代（約公元前 539～515 年），以色列族羣流散在兩河流域的流放地，面對耶路撒冷的淪陷，第一聖殿已經被毀。姜振帥指出祭司文本闡述了當時的以色列族羣就神的居處的認知有了一個根本性的轉向，作為他們在當時遠離聖殿及耶路撒冷聖城、並且流放在外地的處境中於信仰上的回應。因此，祭司文本強調了祭祀空間作為神在地的居處空間是一種「普在性」的存在。這麼一來，以色列人的概念便由傳統上認定神是有固定居處（即位於固定及特定位置的聖殿），轉移至認為神的「居處」可以是在無固定空間位置及在不斷轉移的曠野空間（即不固定及流動的會幕）。

姜振帥認定這祭祀空間觀念的突破，基本上是當時以色列人處於流放的處境及歷史背景下所催生的結果。耶路撒冷被攻陷及第一聖殿被毀後，神的居所在耶路撒冷及聖殿的傳統信念再無從回應在流放時期的以色列族羣的實際景況，促使祭司文士需要對神的「居處」有新的解讀，以適時回應當時的以色列民眾的敬拜願望。因此，祭司文本中所描述的會幕，就是具體表現了這認知的演進歷程。文本強調神的在地居處不再是在錫安山、耶路撒冷及聖殿的固定處所，而是要住在以色列民眾中間，即使他們是流放在外地，無論是在埃及或是西奈曠野。而會幕仍然是一個統一的、卻是可以移動及流動的神聖空間。[37] 至此，會幕的信仰意義已經昇華至另一深層意義。正如德貝維克（Leon Debevec）指出，耶和華向摩西傳達可移動的會幕計劃時，其心意就是要以色列民構建一個可以恆常在當下與神相遇的建築空間，表達神與選民的親密關係。[38]

況且，從天國的終末向度思考，喬治（Dieter Georgi）亦提醒要留意約翰在啟示錄所宣示的新耶路撒冷異象的特別之處（啟二十一 1～8 及二十一 9～二十二 5）。新耶路撒冷不是位於神聖的高山上，而是位於山谷平原上，更重要的是這個新耶路撒冷並沒有聖殿。神的存在是一個具體的現實，和直接的、與人的交往體驗，因為神實際上是與整個新耶路

37 姜振帥：〈《希伯來聖經》中的社會空間——以《托拉》中的「祭司文本」為例〉，《道風：基督教文化評論》第四十九期（2018 年．秋），頁 302～304、308。

38 Leon Debevec, "Spatial Images in Biblical Texts: Exodus," *Theological Quarterly* 81:3 (2021), 661 [article on-line], available from University of Ljubljana website (https://www.teof.uni-lj.si/uploads/File/BV/BV2021/03/Debevec.pdf); accessed 22 February, 2022.

撒冷的社區同在，而不是如以西結書所描述的，新耶路撒冷仍然在聖殿內敬拜（結四十～四十八章）。喬治認為約翰把聖山和聖殿排除在新耶路撒冷作為新約的結論性信息，目的是展示了「人類末後的形態」（the eschatological form of all humanity）和「理想秩序」（the ideal rational order），當中更明確地強調了神是願意與人同在的「共同關係」（communal relation）。[39]

至此，馬塔塔和姜振帥分別向我們展示了，新約時期的「約翰社羣」和舊約時期的以色列族羣，都曾經在不同的時空下，因應所處的流散在外地的經歷及處境，在信仰思維上跨越了以耶路撒冷及聖殿為信仰中心的傳統觀念及認知，更昇華到能理解及接受可移動及流動的神聖敬拜空間，從而深化了他們與神真實地在當下時空同行的信仰經驗。喬治更從終末向度解讀啟示錄所記述的新耶路撒冷，也指向神是願意與人同在的「共同關係」。無疑，上述的空間批判所闡述的神的在地國度概念，也是與聖經文本系統同一脈絡的信仰認知、反思和經歷。

39　Dieter Georgi, *The City in the Valley: Biblical Interpretation and Urban Theology* (Leiden: Brill, 2005), 169, 176～177.

八、總結

最後，考克斯（Harvey Cox）的觀察和警醒可以作為本文的總結及展望。考克斯指出，這個由耶穌全心全意掌管和關注的神在地的國度，展示了另一種世界的可能性。這另一個可能的世界只有和善與平等，而且連結著人長期以來的願景。更具挑戰性的是，考克斯看到許多非信仰基督的他者多半出於嚮往這另一個可能的世界，也要求基督信仰羣體「回到耶穌身邊」。所以，考克斯強調耶穌早已表明，現在就可以生活在神的國度裏，只要能如耶穌一樣專注神所應許的新世界，將在「地上實現，如同實現在天上」。[40] 那些仍徘徊在這國度邊界外卻翹首窺探的他者，他們隱約看得見神的在地國度可能就是他們所期盼的世界，而他們在等待時更會定睛於那些耶穌的追隨者。固然，考克斯強調了神的在地國度作為普世的另一種世界觀是可能的，但同時亦點出了在這國度內和外的空間張力，提醒了那些在國度內的基督信仰羣體要放眼在外的世界，更要好好地實踐述行向外擴展神在地的國度。

---

40 哈維・考克斯（Harvey Cox）：《信仰的未來》，郭騰傑譯（台北：啟示，2016），頁 84～87。

II

在教會

第　2　章

教會在社會變遷的角色：從聖經、神學及實踐進路探究[1]

一、新耶路撒冷與神在地國度

本文會先從喬治（Dieter Georgi）所闡述的新耶路撒冷異象及文森特（John Vincent）所闡述的神在地國度觀念出發，探究教會在促進社會變遷上的角色。喬治和文森特分別從不同的思考進路，得出了相同的結論，都認同教會肩負著促進正面社會變遷的神聖使命，為普世社會和世人帶來真正的進步和福祉。喬治看重的是「不再單是在天」(not "heavenly" any longer)的神在地國度，而文森特則倡議「神的另類城市」（God's Alternative City）。

1　原文以英文撰寫"On the Role of the Church in Social Change: An Exploration from the Biblical, Theological and Empirical Perspectives"，刊登於《建道學刊》第五十七期（2022年1月），頁87～119。

「不再單是在天」

喬治認為，約翰在啟示錄所闡述的新耶路撒冷異象（先在啟二十一 1～8；然後再在啟二十一 9～二十二 5），所指向的新耶路撒冷「不再單是在天」，更是「披上了當代的色彩」，呈現了約翰時代所期盼的理想世俗希臘城市能帶來的希望和承諾。這新耶路撒冷異象是構建「真正教會、現實城市和健全世界」的「具體和建設性建議」。[2] 因此不應該忽略，這異象的當代意義是同時指向城市社區發展，而不僅是針對基督信仰羣體。[3] 喬治更主張，這新耶路撒冷異象是新約的結論性信息及願景，它點出了「以上帝和羔羊為建築師和市長」的普世理想城市原型，也明確地強調「神與世人的關係」，展示了「人類的末世形態」（the eschatological form of all humanity）和天上耶路撒冷固有的「完美的理性秩序」（the ideal rational order）。[4]

喬治更進一步指出，約翰的新耶路撒冷異象在空間意象的描述上，與以西結書四十至四十八章所記述的不同。約翰的新耶路撒冷不是位於神聖的高山上，而是位於山谷平原

---

2 Dieter Georgi, *The City in the Valley: Biblical Interpretation and Urban Theology* (Leiden: Brill, 2005), 161～167.

3 Georgi, *The City in the Valley*, 168～169.

4 Georgi, *The City in the Valley*, 54, 169～170.

上。約翰的新耶路撒冷也沒有聖殿。神與人同在是具體、真實和直接的體驗，因為神是真實地與人同住在這個新耶路撒冷（啟二十一 3），而不是如以西結書所描述的，神是在新耶路撒冷的聖殿中被敬拜。喬治提出，約翰的新耶路撒冷位於山谷平原，而將聖山和聖殿排除於新耶路撒冷異象，是寓意地表明這異象具當代意義，並且是在地可行的，它就是建立在地人文城市的願景。[5] 此外，它的十二個城門和十二個城牆根基分別刻有以色列十二個支派和耶穌十二使徒的名字，這空間意象本質上也是寓意「現在的社羣是要延續過去及展望將來」。這異象固然包含了末世的維度，但同時也展示了「現在和這裏」(now and here)的當代意義。[6] 就此，喬治總結：

> 約翰與以西結書的描述不盡相同。約翰的新耶路撒冷是完全的、敞開的和降臨在地的天堂。事實上，是天和地合而為一。[7]

對喬治而言，這降臨在地的新耶路撒冷不僅是指向在地的真實城市，也是洋溢著終極幸福、和平與救贖的宇宙世界；它

5　Georgi, *The City in the Valley*, 169, 176～177.

6　Georgi, *The City in the Valley*, 178.

7　Georgi, *The City in the Valley*, 177. 筆者的翻譯。

更表徵著天堂固有的「人類的末世形態」及「完美理性秩序」。顯然，約翰的新耶路撒冷異象就是轉向及看重在地的城市發展，而不要只放眼於基督信仰羣體的先知性的呼喚。這樣看來，約翰的新耶路撒冷異象展現了「神性、永恆性和不變性」(divinity, eternity and immutability)，特別是強調神與人關係的構建。[8]

從「不再單是在天」及「現在和這裏」的進路去解讀新耶路撒冷異象，自然會合理化基督信仰羣體要關注現實世界的城市發展。這可以是探討理想城市的屬性(如開放、民主和可持續發展等課題)、豐盛的城市生活意義等。但更重要的是，基督信仰羣體要探究如何構建植根於神恩典下的好城市。因此，喬治指出新耶路撒冷有城牆，但城門卻長久開放給所有人。這空間意象寓意城市自由的開放，與我們普遍傾向封閉、排外和防禦的「門控城市」(a Gated City)形成鮮明對比。另外，這新耶路撒冷內沒有現代城市必有的宏偉大型建築，引人注目的卻是在城中心一條有利於萬民聚集、互動和交流的寬闊大街。[9] 因此，這空間形態可以是寓意一個好城市的重點，不在於其宏偉建築所表徵的經濟發展，而是開放、包容，以及能妥善關注人的訴求

8 Georgi, *The City in the Valley*, 168～169.

9 Georgi, *The City in the Valley*, 176～179.

和福祉的城市環境。

「神的另類城市」

相反地，文森特不同意喬治的「不再單是在天」概念所解讀的新耶路撒冷異象。文森特認為，新耶路撒冷不是指向「一個真實的塵世之城」，而是「神和忠誠信徒在末後連結的另一記號」。新耶路撒冷是天啟文學的末世遠景，是末後的屬靈盼望，以彌補在塵世耶路撒冷的無望。因此，新耶路撒冷遠景對當代城市發展是沒有實質性和直接應用意義。[10]

但同樣地，文森特與喬治都認同基督信仰羣體去關注城市發展，是關乎世人福祉的合理和必要的行動。當然，文森特是排斥上述喬治的聖經解讀作為行動理據，他是以新約所宣告的神的在地國度概念來論證他的主張。他倡議神的在地國度是具當代意義，也是明確而響亮的呼聲，要求教會及其信仰羣體在現在和這裏促成「神的另類城市」。正如耶穌所宣告的那樣，這「神的另類城市」是孕育一個「在地健

---

10 J. W. Rogerson and John Vincent, *The City in Biblical Perspective* (London/Oakville: Equinox Pub, 2009), 72. 文森特（John Vincent）是本書第二部分解讀新約經文的作者；而羅傑森（J. W. Rogerson）是第一部分解讀舊約經文的作者。本文只討論文森特的新約解讀。

全的世界」(a sane world on earth)的真正希望：

> 耶穌的期望是，在普世可以有一個嶄新、更令人滿意、更公平的城市。神的國度降臨大地，確實是展示了一個新的、更好的普世環境，它影響著一切、所有地方和所有世人。神的在地國度透過耶穌宣告和體現，是神早已賜予人的禮物，就是預言對普世的拯救計劃。[11]

文森特繼而指出，耶穌在世時已經真實地以身作則，以可行的方法來實踐這個在地「神的另類城市」。耶穌積極主動與當時宗教和社會政治背景下的利益相關者互動，有時甚至是抗衡當時被猶太宗教視為既定的宗教傳統和習俗。耶穌在過程中更展示神的在地國度，那些必需、基本和可實現的屬性。要留意的是，縱然這國度本質上是「神的另類城市」臨在大地，但這不是一個全新的宗教實體。它的確是與當時盛行的猶太宗教傳統和習俗不和諧，也與當時羅馬城市的發展模式不合調。然而，這個另類城市充滿另類價值觀和判斷準則，也是一個新的在世模式，它的另類實踐影響著一切。文森特甚至強調，「對耶穌來說，這本質上要帶來逆轉

---

11 Rogerson and Vincent, *The City in Biblical Perspective*, 68. 筆者的翻譯。

的『神的另類城市』是要取代耶路撒冷」。[12] 在這裏，耶路撒冷是隱喻，象徵那些建基於支配、家長式領導和權力價值觀的普世城市；而以「神的另類城市」改造及取代耶路撒冷的信息，就是要以愛與關懷為建城基石、以公義和關懷服事有需要的弱勢羣體，為普世的人帶來真正的福祉和豐盛生活：

> 為此，耶穌宣示我們要效法天父以愛維繫城市，從而有別於普世的城市形態。因此，耶穌的國度是一股激進的人性化和世俗化力量。……耶穌的另類城市建基於徹底的平均主義和公平，以及取決於每個人都效法主耶穌以僕人心態服事他者……耶穌的另類城市中，貧窮人和「小人物」才是受到特別優待的階層。[13]

這個「神的另類城市」會在普世不同的時空下實現，包括我們此時此地的城市，以彰顯神的在地國度。

在地如在天

有意思的是，喬治和文森特都分別主張，教會和其信仰

---

12 Rogerson and Vincent, *The City in Biblical Perspective*, 69～71.

13 Rogerson and Vincent, *The City in Biblical Perspective*, 69. 筆者的翻譯。

羣體都負有使命，在普世實現、執行和管理這個「神的另類城市」或那個「不再單是在天」的在地新耶路撒冷。文森特認為，這在地上的「神的另類城市」是「神的工程」的一部分。因此，教會羣體有神聖的責任，在其所處的時空繼續並具體化推動這個神在地的另類城市工程。他清晰地要求教會羣體在兩個層面上積極參與和介入這神在地的工程：首要是處理城市當前的問題，就是滿足當代城市中個人和社區的需求；其次是要關注城市中的結構性問題，包括架構和制度的結構性轉變。[14]

同樣，喬治認為，教會和其信仰羣體有責任在世建立那「不再單是在天」的新耶路撒冷。他們擁有轉化的力量，能促進必要的正面社會變遷，為城市帶來真正的福祉。喬治特別提醒我們注意，保羅在帖撒羅尼迦前書五章 8 節的教導，伴隨著正面社會變遷而來的正義和公平，會先在基督信仰羣體內重塑，然後通過這羣體所彰顯的信、望和愛，擴展到城市化的世界。[15] 喬治的解讀無疑是要說明，基督信仰羣體有轉化社會的責任和能力：

---

14 Rogerson and Vincent, *The City in Biblical Perspective*, 79～81.

15 Georgi, *The City in the Valley*, 94～97. 喬治認為保羅確實是向著他那個時代的信仰羣體，教導他們必須肩負起社會責任，因為「神肯定會干預及糾正祂的子民和政府的錯誤」(God's definitive intervention to right the wrong in God's people and states.)。因此，保羅在帖撒羅尼迦前書解讀以賽亞書五十九章 17 節時，不再只局限於以賽亞書原先所指向的末世。

> 也就是說，這種正義的重塑會始於基督信仰羣體。然而，以賽亞書的真正目標是外面的世界。因此，保羅通過引用聖經的預言，並將其應用到基督身上，就是要強調縱然只是少數人得到基督信仰羣體的激發，仍然能夠有效地帶動其所處環境作出大改變。[16]

二、社會變遷的神學論說

上述喬治和文森特的聖經解讀以聖經教導為基礎，提醒教會和基督信仰羣體應該關注及關顧他們身處的現在和這裏的城市。接下來，本文的第二部分將檢視一些意味深長的當代神學思想，它們都在不同程度上與新耶路撒冷異象和神的在地國度概念相關，以期進一步探究教會在城市發展過程中，倡導正面社會變遷（social change）的角色。

我們先從中國神學家吳耀宗在 1930 年代的中國背景下探討這個問題的神學反思開始。吳耀宗指出，耶穌在世時傳教，固然看重人的靈性需要，但也回應人的物質需求，有時甚至關注社會上的結構性問題。他認為教會所傳揚的福音，本質上應該是滿有熱情地拯救所有世人，又能成就神在

16 Georgi, *The City in the Valley*, 96. 筆者的翻譯。

地國度的「社會福音」(Social Gospel)。[17] 因此,他提出教會應該永遠不要忽略基督教在發起和促進社會正面變遷上的獨特貢獻,為人帶來福祉。他甚至挑戰教會一貫提供的傳統福利和慈善服務,如教育和公共衞生服務;雖然這些都有用,但卻不足以真正和根本地改善社會。因為傳統的福利和慈善服務,根本無法處理由特定社會政經環境所造成的結構性問題和弊病。那麼教會可有靈丹妙藥?首先,吳耀宗承認,他和基督教都無法提供具體及可直接應用的實際行動計劃,來解決此類弊病和問題。話雖如此,教會和基督教的獨特貢獻,在於其所信仰和倡導的那些基本原則、精神和態度,它們是適用於所有時代的永恆和普世核心價值,足以維繫真正豐盛生命的社會。那就是教會要效法耶穌基督,藉著愛、反暴力、慷慨給予、願意犧牲,公開和優先地關顧人性的需要。[18] 因為:

> 耶穌所注重的是人:人的價值,人的意義,人的可能。[19]

---

17 吳耀宗著,邢福增編註:《社會福音/沒有人看見過上帝》(新北市:橄欖,2016),頁 32、34。
18 吳耀宗:《社會福音/沒有人看見過上帝》,頁xliv ~ lv、lxviii ~ lxix、41 ~53。
19 吳耀宗:《社會福音/沒有人看見過上帝》,頁 48。

明顯的是，吳耀宗高舉人文關懷的呼籲，與上述「神的另類城市」和新耶路撒冷在地的核心價值觀互相呼應，都是強調人在世能擁有豐盛生活的重要性。更重要的是，他小心翼翼地拉開了序幕，反思教會在促進社會變遷的積極和關鍵角色，特別是要抗衡那些以進步之名卻忽略人文需要的城市發展。無疑，吳耀宗發出了清晰、響亮和先知性的時代呼聲。[20]

跳到 1960 年代，考克斯（Harvey Cox）繼續探索當代教會在促進社會變遷的角色。他的《世俗之城》（*The Secular City*）針對當時全球化的急速城市化進程，提出了影響深遠的神學建構。事實上，他在書中一開始就堅定地宣告，構建一套適時的社會變遷神學（a theology of social change）是當代的迫切需要。這社會變遷神學是要能幫助教會作為基督信仰羣體，能夠持續地理解、參與及回應神在現代世界的計劃。更甚的是，教會面對前所未有的，從歐洲和北美以不同程度延伸到非洲和拉丁美洲的全球化、快速世俗化（secularisation）和城市化（urbanisation）進程，更急切需要這套社會變遷神學，從而「恰當地理解一個全新的世界」。

20　還有另一觀點認為吳耀宗的「社會福音」是在當時中國大陸社會政治背景下，教會關注中國大陸未來的愛國和和實際回應。這並不完全符合西方社會的福音觀念，宣告和倡導要落實神的國度降臨人間，就當要改正發展進程中所衍生的苦難和不公義、弊病等。參看吳耀宗：《社會福音／沒有人看見過上帝》，頁 xx ～ xxiii、lv。

考克斯所倡議的社會變遷神學是先驅性的神學研探，期望能有助教會正確定位、再造及行動，以便能更有果效及適切地傳播福音（*kerygma*）和推行服務（*diakonia*），以回應這個「全新的世界」在快速社會變遷進程中帶來日益嚴峻的挑戰。[21]

考克斯的社會變遷神學構思是植根於聖經中「神的國度」概念。他採納的神學立場是「神的國度」在本質上已經「是屬乎基督的」（becomes a Christological one）。因此，他認為以人為中心及以神為中心去解讀「神的國度」，都是合宜的。既然耶穌是「神的國度」在世的人格化，那麼神的創始和人的行動應該是相輔相成，以實踐神的在地國度，最終自然是為了普世的社會進步和人的福祉。這本質上也就是文森特所提倡的，在地上實現「神的另類城市」。此外，鑑於耶穌在世時於努力在地實現「神的國度」的進程中，已經「完全展示了神在長遠歷史時空下與人的伙伴關係」，因此教會也有無可爭辯的使命，去繼續在現實世界中傳道和服務，推動在其所處特定時空下的世俗城市與這個「神的另類城市」連結起來。至於新耶路撒冷，考克斯還爭辯說這固然是末後異象，但它不僅是關乎未來和末世；同樣重要的是，它也正臨在及實現在我們所處此時此地的世界中。[22] 神的在地國度

---

21 Harvey Cox, *The Secular City: Secularization and Urbanization in Theological Perspective* (New York: The Macmillan Company, 1966), 105～107.

22 Cox, *The Secular City*, 110～112.

永遠是臨在的國度（always the coming Kingdom），只是剛臨（is just arriving），卻還未完全和完美地臨在（has never come in it's fullness and perfection）。[23] 考克斯繼而小心翼翼地提醒教會和其基督信仰羣體，要明白其實「福音召喚人」（the Gospel summons man）去與他的鄰舍共同塑造適合在世俗城市的共同生活方式。同樣重要的是，教會更要正確及適時地調整其服務和行動，以回應我們全球城市不斷變化的社會、政治及經濟環境，為在其所處此時此地的城市注入「可看得見的希望」（hope made visible）。換另一個說法，這意味著全球化和快速城市化進程明顯地催化著此時此地的教會要作出適時的轉變和回應：[24]

> 事實上，〔神的〕國度能真實及漸漸地降臨普世是福音的基本前提。在這真實的國度，福音成為了一個呼召，要察覺人世間的徵兆，並做出適當回應。[25]

面對世俗化和城市化的挑戰，教會被召喚要棄舊立新（discard the old and take up something different），轉變為滿

23 Cox, *The Secular City*, 116.
24 Cox, *The Secular City*, 121.
25 Cox, *The Secular City*, 121. 筆者的翻譯；括號內容為筆者所加。

有活力的在地信仰羣體，從而更有效和忠實地履行使命。[26] 那就是與神同行去實現神的在地國度，也可以是文森特所闡述的在世「神的另類城市」。

考克斯認為神不斷地參與我們的歷史，而這些歷史事件本質上可以是世俗城市發展進程中的「社會變遷」（social change）。他甚至提點他的基督徒兄姊，在應對現今世界急速的社會變遷的挑戰時，不應該被一種靜態神學思維所窒礙。[27] 教會在當今的世俗城市中展示和實踐神的在地國度，必須是看得見的希望和行動，而不僅是靜態的傳講教義：

> 我們的討論清晰地指出教會在城市的責任。教會是要以可看得見的形態，展示其宣講的福音（*kerygma*）和其所作的服務（*diakonia*）。教會就是「可看得見的希望」，也是一個活潑的寫照，來展示其努力期盼達致的真正城市所擁有的特質和素質。[28]

---

26 Harvey Cox, "Introduction to the New Edition," in *The Secular City: Secularization and Urbanization in Theological Perspective* (Princeton: Princeton University Press, 2013), 16, 19. 考克斯認為「世俗化是一個歷史過程……在這個過程中，社會和文化擺脱了宗教支配和封閉的形而上世界觀，被釋放出來」。而且，城市化是這世俗化過程的動力之一。這實質上就是世俗城市的宗教祛魅。

27 Cox, *The Secular City*, 105～107.

28 Cox, *The Secular City*, 144. 筆者的翻譯。

考克斯隨後清晰地提出，當今教會所需要的「立新」（something different），就是成為「神的先鋒派」（God's avant-garde）和城市的「文化驅魔人」（cultural exorcist）。他的意思是教會既要「即場回應不斷變化的文化環境」（improvise and adapt to shifting cultural situations），更要抗衡「魔幻和迷信的世界觀」（magical and superstitious worldviews）。[29] 考克斯特別強調，教會透過其獨特的治愈及復和（healing and reconciling）能力，可以為其所處世俗城市的所有人帶來福祉、完全及康寧的生活，無論是有信仰的人還是無信仰的人。這自自然然就是教會能給予所有城市人「可看得見的希望」。只有這樣，教會才能在世俗城市忠實地效法耶穌在世時與他的子民同行，不是專注於教會傳統，更是要促進社會變遷，推動構建合乎「神的另類城市」素質和價值觀的城市，實現神的國度臨在大地，以展示和實踐神期盼人能在世有真正豐盛生活的心意。[30]

再跳到《世俗之城》出版約五十年後的 2013 年，考克斯提出了世俗化現象的新立場。經過多年進一步觀察後，他意識到世俗化並不是如他所預測的「理所當然的過程」，而城市化也不是「世俗化的溫牀」。儘管如此，全球城市化

---

29 Daniel R. Karistai, " This City is Under Construction, " *Baptistic Theologies* 7.1 (2015): 106.

30 Cox, *The Secular City*, 147～148.

進程仍然是真實和急速的，也是城市人無可避免要面對的現實生活。城市本質上是有利孕育出「複雜精神心靈的世界」(spiritual complexion of the world)和「新興多元文化的世界」(emerging multicultural world)。[31] 事實上，非但宗教的祛魅未能在世俗城市出現，現今世界更正從傳統的宗教模式走向更多元化、更複雜的精神心靈解放運動。現代城市擁抱多樣化的文化觀、多重價值的世界觀，以及多元化的宗教觀，包括那些變異宗教(mutated religions)和富強烈宗教化的現代心靈精神陣營(intensively religious modern spiritual formations)。考克斯要我們留意，他在《世俗之城》中是以「城市」來隱喻「世界」，因為他的本意是要通過城市去關注世界。因此在這新情況下，考克斯進一步倡議構建一套「面向世界的世俗神學」(a "worldly" theology of the secular)是必要的。這神學思維有助教會及其信仰羣體能正確地掌握其所處高度城市化世界的新情況，從而更好地展示和推動神的國度「在地如在天」(on earth as in heaven)。現今教會的使命，是要面對在高度城市化的世界同時存在的神聖和世俗者(the sacred and the seculars)，包括「世俗化的宗教信仰」(secular religions)和「宗教化的世俗信念」(religious secularities)。這樣看來，教會更要視「神聖與世俗」

---

31 Cox, "Introduction to the New Edition," 38.

(the sacred and profane)在今天的城市中的「摩肩接踵和互動」(jostle and interact)是契機。[32]

同在 2013 年，貝徹(Sharon V. Betcher)進一步推展考克斯的論述。她首先提醒我們要注意，考克斯在 2009 年發表的《信仰的未來》(*The Future of Faith*)已經清晰地指出，基督教正經歷著由現今世界所催化的重大轉變。而這轉變的重點就是，今天的教會必須是被看得見的「一種生活方式，而不再只是一個教義架構」：

> ……在他 2009 年發表的《信仰的未來》，考克斯宣告今天的基督教「正在經歷重大的轉變」，走進了「靈性時代」。宗教已經回歸為「一種生活方式，而不再只是一種教義架構」，更是體驗及實踐「信心和愛心」的信仰，這有別於單只是相信。[33]

因此，教會及其信仰羣體首要是委身在生活裏忠實地實踐信仰，並與神聖和世俗者連結，共同努力謀求當代城市的共同利益，這才可以使基督教在當今多元宗教和複雜意識形態的城市裏，贏得理解和接納。貝徹特別強調教會及其信仰羣

---

32 Cox, " Introduction to the New Edition, " 29, 34～38.

33 Sharon V. Betcher, *Spirit and the Obligation of Social Flesh: A Secular Theology for the Global City* (New York: Fordham University Press, 2013), 169. 筆者的翻譯。

體在當今的現代世界，不應再局限於關注個人與神的屬靈親密關係，更必須肩負使命，隨時成為其所處此時此地的「一股積極的城市神聖力量」。貝徹繼而建議，基督教應牢記自己的本質是一種在世的信仰實踐，並且有義務在當今全球城市中找到新的適切運作方式，特別是要回應他們所處的多元宗教和多重價值世界觀的時代背景：[34]

> 基督教現在必須尋得一種實踐模式的「運作形態」，即使這形態是包容世俗，並且是超越教區架構……[35]

對此，貝徹大概是受到考克斯的啟發，她認為教會和其信仰羣體是有責任連結其鄰舍，一起努力共同適應在現今瀰漫著多元宗教和複雜意識形態的世俗城市的生活。她指出基督教在當今「靈性時代」的運作形態，應是教會及其信仰羣體以實際行動與城市中的世俗者接觸和合作。以考克斯的術語來說，那就是推動神聖的和世俗者的合作，包括那些「世俗化的宗教信仰」和「宗教化的世俗信念」。貝徹更評論說，轉向能坦然面向世俗的神學，將是恰當應對當今全球城

34 Betcher, *Spirit and the Obligation of Social Flesh*, 169.

35 Betcher, *Spirit and the Obligation of Social Flesh*, 106. 筆者的翻譯。

市環境的出路，而傳統的神學及架構卻未能適切地回應我們所面對的新境況。至此，貝徹明確提出了她的世俗神學。簡單來説，貝徹辯説在現今的「靈性時代」，我們的城市在宗教和意識形態上是多音調的。在我們城市中那些神聖和世俗者，包括那些不認同我們基督信仰的、那些擁抱其他信仰的、和甚至根本沒有傳統宗教信仰的，其實都在渴求一種具「另類價值觀和態度」又如宗教般的精神心靈生活，從而在不同程度上抗衡充斥全球城市的唯物主義和個人主義價值觀。[36] 這些神聖和世俗者（包括沒有信仰或其他信仰的），在我們全球城市中，都共同致力尋覓及忠誠實踐真正豐盛的心靈精神生活。這便是貝徹的世俗神學的基礎。

貝徹堅信今天的教會及其信仰羣體必須承認並接受，要超越教會傳統架構和模式，更要積極地與世俗者互動和合作，共同成為城市中的一股積極的力量，從而「教化和更新」（to humanize and renew）我們的城市。[37] 更重要的是，這股力量由聖靈（Spirit）賦予能力，在城市中發揮積極的轉化力量。貝徹認為聖靈會同樣地眷顧那些追尋心靈精神的世俗者，他們不一定是有宗教信仰或是有神論者。她構思聖靈就如「必要的義肢」（a necessary prosthesis），一種可以幫助

36 Betcher, *Spirit and the Obligation of Social Flesh*, 2, 6.

37 Betcher, *Spirit and the Obligation of Social Flesh*, 106.

我們培養無盡和無畏的同理心，在淩亂糾纏中保持忍耐克制的力量：[38]

> 聖靈如同義肢，能幫助我們更能身體力行走入這世界。就如義肢能延展身體的能力一樣，聖靈培育我們要「相信世界」，促使我們能身體力行彼此俯就及信賴。[39]

聖靈的轉化力量，可以感召城市人彼此敞開心扉及坦誠地相處，最終願意遵行在物慾上的慷慨（the disciplined practice of corporeal generosity），及欣然接受人在社會上是整體地互相依存（the embrace of social flesh）。這基礎固然會導致我們「重新感悟和理解這世界」，也同時能驅使我們「探究另類方案，去解決有經濟能力者和經濟匱乏者佇立於城市兩極的現象——他們分別站在兩邊，在自我保護、孤獨和憤世嫉俗中顫抖」。[40] 因此，貝徹總結提出：

> 我們生活在後殖民大都會，面對瀰漫著的社會疏離，渴求連結友誼——但這不是我們想像中的一

38 Betcher, *Spirit and the Obligation of Social Flesh*, 12, 170, 190.
39 Betcher, *Spirit and the Obligation of Social Flesh*, 191. 筆者的翻譯。
40 Betcher, *Spirit and the Obligation of Social Flesh*, 192.

> 種偉大社羣主義，而是我們通過友誼連結，或許可以得到一種能提升心靈精神的另類生活，這不一定是宗教性的，卻是一種有別於只看重個人存在和個體價值的生活——這就是世俗的神學。[41]

在貝徹的世俗神學理念下，某程度上是淡化了佇立於城市空間上的實體教堂建築的角色，而教會和其基督信仰羣體卻被昇華為一股外展的神聖力量，要與世俗者連結和合作，然後一起成為一個整體，並蒙聖靈祝福而又具轉化大能的一股積極力量，謀求整體城市人的共同利益和福祉。無疑對貝徹而言，這應該就是當今教會及基督教在全球城市中最適切的「運作形態」。

然而，要充分理解上述考克斯和貝徹的神學建構，就不能忽略潘霍華（Dietrich Bonhoeffer）對考克斯的影響。考克斯曾經承認，他倡議「面向世界的世俗神學」思維，是由潘霍華所倡議「教會不是為自己，而是為世界而存在」的信念所啟發。[42] 簡而言之，潘霍華要求教會作為一個信仰羣體，其每個成員都應該識別，並以行動回應教會信仰羣體中每個獨特他者的需要。同樣重要的是，教會還要將這種關懷和

41 Betcher, *Spirit and the Obligation of Social Flesh*, 192. 筆者的翻譯。

42 Cox, " Introduction to the New Edition, " 36.

行動，擴展到教會以外的鄰舍和社區所有有需要的他者。這「與他者在一起」(being with-one-another)和「為他者而活」(being for-one-another)的呼召，是要能「把耶穌基督的實在落實到我們中間及世上每個角落」。[43] 因此，考克斯和貝徹可以說是從潘霍華的神學理念多走了一步。他們所倡議面向世界的世俗神學，為教會如何在當代城市中生存和運作，繼續成為活的教會，開闢了一個新路向。約在潘霍華七十年後的 2016 年，卡爾達斯(Carlos Caldas)在回顧拉丁美洲教會取得的成果時，再次確認這面向世界，願意開放、包容和連結世俗者的取態，是教會能在不斷變化的現實世界中發揮作用和成長的關鍵：

> 因此，活的教會是要充滿生氣。卡爾教授(Prof. Brigitte Kahl)領會潘霍華對教會的要求，並指出：正正是基督的道成肉身、受難和救贖，表明基督就是要求我們要接受與他者連結。那些被我們認為是罪人、外來者和非我族類的他者(the non-us)：猶太人、天主教徒、異教徒、穆斯林、無信仰者……[44]

43 李文耀：〈教會的他者是誰？潘霍華的觀點〉，《今日華人教會》(2020 年 12 月)，頁 4～5。

44 Carlos Caldas, "70 Years Later: What Do We Have to Learn from Dietrich Bonhoeffer

當然，考克斯和貝徹更強調教會在與這些他者接觸、互動和連結的進程中，會是一股受祝福、具轉化能力和獨特的神聖力量。

此外，米格斯（Nestor O. Miguez）的城市空間神學，有助我們進一步理解教會的角色是無可替代的。米格斯認為當代教會肩負著引導和促進城市正面社會變遷的使命，要為現代城市人帶來活在神恩典中的豐盛生活。我們是以進步和繁榮來偽裝我們的城市發展，歸根究柢是竭力追求個人和肉身的最大經濟效益，卻忽略人文需要，造成了當今腐敗和不公義的世界政治經濟體系。米格斯直指這都是源自人的靈性墮落，導致他們忽視，甚至沒意識到能改進整體社會豐盛生活的正面社會變遷。在這種情況下，我們的城市不可能成為能造就人真正福祉和豐盛生活的城市環境，這並不符合神的創造原意。[45] 因此，米格斯主張教會要與神同行，憑著信心在「神所啟發的願景」（a vision inspired by God）下，承擔推動能孕育豐盛生命的城市環境的使命，在城市彰顯「神所承諾的臨在」（promised reign of God），以及所賦予的愛和希望。對米格斯而言，既然人固有的靈性墮落是我們腐敗和不公義的城市環境的根源，這自然需要依靠神的轉化

in Latin America Today?" *Stellenbosch Theological Journal* 2.1 (2016): 41. 筆者的翻譯。

45 Nestor O. Miguez, "A Theology of the Urban Space," *The Anglican Theological Review* 91.4 (Fall 2019): 572.

力量才能正確地走回正軌。[46] 當然，米格斯並不是孤單的聲音。同樣地，葛林（T. J. Gorringe）也指出人要確切地回歸神，才能根本地改變其思維，從而明白要從神的視野去識別及謀求真正的共同利益（common good），不再錯誤地傾重權力或市場。[47]

三、從實踐走出來的神學

英國聖公會和南非教會都分別在各自特定的時空，經歷過推動和催化正面的社會變遷。本文的最後部分將引用他們的經驗，期盼這些來自實踐的實證數據，能使我們豐富和完善地理解教會在社會變遷的角色。當然，要留意的是，英國和南非教會的例子都是在其特定社會政經環境下的獨特經歷，縱然都是重要和有參考價值，但自然不能直接應用在不同社會政經背景的其他城市。

---

46 Miguez, "A Theology of the Urban Space," 577～579, 564～565. 米格斯強調人在規劃和開發城市環境時，要保持與神和自然持續對話——這是從「救贖計劃」（the plan of salvation）轉到「救贖對話」（the dialogue of salvation）的典範轉移。

47 T. J. Gorringe, "Salvation by Bricks: Theological Reflections on the Planning Process," 101 and T. J. Gorringe, *The Common Good and the Global Emergency: God and the Built Environment* (Cambridge: Cambridge University Press, 2011), 34.

英國聖公會的經驗

我們先重溫英國聖公會在 1980 年代，為應對當時英國的舊城問題（inner city problem）而積極倡導社會變遷，所獲得的實踐經驗。無疑，英國聖公會的經驗可算是聖公會推動社會變遷的一個典範個案。而對今天的聖公會來說，英國聖公會的經驗仍然是一個可借鏡的典範。英國坎特伯雷大主教的城市優先區域委員會在 1985 年發佈名為《城市的信仰》（*Faith in the City*）的報告，明確地認定英國聖公會要採取行動，以應對當時嚴重的舊城問題而導致的貧困和苦難。這報告既概觀地前瞻了英國城市的未來，也提供了具建設性和創新性的建議，更倡議以新思維、方向及行動解決當時的舊城問題。約二十年後，英國聖公會更肯定《城市的信仰》的貢獻，是在於能夠適時地警惕了當時的「公眾和政府」（a public and a Government），要制定公共政策和投放資源推行迫切需要的市區更新，以解決當時在舊城區的貧困問題。自該報告發佈以來，英國聖公會一直秉持其決心和行動，致力於解決實際而緊迫的城市問題，以造福城市人和改善社區。[48] 無可置疑，英國聖公會是當時的先行者，就舊城

48 The Church of England, *Faithful Cities: A Call for Celebration, Vision and Justice* (London: Church House Publishing, 2006), v.

問題既發聲也行動。在回顧這非常成功及令人欽佩的成就時，哈維（Anthony Harvey）特別強調，不要忽略《城市的信仰》就教會在促進社會變遷中的角色所作的神學探究。事實上，《城市的信仰》刻意用了一整章篇幅，集中思考教會在當代城市社會變遷中應有的神學立場和回應。哈維認為，縱然這專章中的神學建構未必能提升至令人信服的城市神學層次，但肯定是一種根本性的另類神學（radical alternative theology），批判性地反省教會面對可預見的在城市的社會變遷中所要肩負的角色和使命。[49]

誠然，《城市的信仰》旨在為英國聖公會探究一套適時的神學思維，以恰當地回應當時英國舊城問題所引發的社會問題，而非意圖整合出一套結構完整、連貫及放諸四海的「城市神學」。面對當時的社會困境，《城市的信仰》的神學立場是清晰而響亮的。它表明英國聖公會作為「活的聖公會」（a living church），就必須關注那些幾乎被遺忘在貧困舊城中的受苦者，並以行動回應他們的迫切需要。《城市的信仰》就是一個真實具體的例子，展示了考克斯所倡議的社會變遷神學。也就是說，英國聖公會的傳道和服務，無可避免被捲進了由城市化所引起的社會變遷漩渦。這次，英國聖公

---

49 Anthony Harvey, " Introduction: An Alternative Theology? " in *Theology in the City: A Theological Response to "Faith in the City"*, ed. Anthony Harvey (London: SPCK Publishing, 1989), 1.

會明確而響亮地宣告了，教會就是英國舊城中「可看得見的希望」，更具體地說，就是指那些被英國政府稱為城市優先區域（Urban Priority Areas）的舊城。[50]

《城市的信仰》固然認定教會應對當代世界的社會變遷，可以發揮關鍵作用。但要留意的是，它同時強調教會的行動要有明確的範疇，更要有重點和優先事項。教會被呼召在地上實踐神的國度，當然順理成章就是先要看重關顧個人層面的需要（包括個人慈善、服事和福音）。然而，教會亦不應完全排斥其在社會上的使命，要抗衡那些衝擊著個人福祉的社會和政經環境因素。《城市的信仰》更要我們注意這樣的一個事實：耶穌在世宣講神的國度，的確是關顧個人、家庭和社區層面的需要，但與此同時，耶穌也不時挑戰，甚至抗衡當時社會和宗教環境下的財富、權力、地位和名望的慣常優次。因此，教會是要欣然接受這使命的兩端。[51]

因此，《城市的信仰》倡議教會把優先重點放在個人層面的慈善、服務和福音工作上，是合理和可以理解的，因為這些工作都是直截了當和沒有爭議性。儘管如此，《城市的

---

50 The Church of England, *Faith in the City: A Call for Action by Church and Nation: The Report of the Archbishop of Canterbury's Commission on Urban Priority Areas* (London: Church House Publishing, 1985), 69.

51 The Church of England, *Faith in the City*, 48.

信仰》亦告誡教會，不能完全不承擔促進正面社會變遷的責任，以糾正社會上固有的不公義和不平等的結構性社會問題。教會有責任成為促進世界正面社會變革的推動者。因為，神真正關心和希望的，是要建構一個另類有序的社會，正如這觀念已經一直貫徹在歷代的基督教社會思潮中：

> 因此，神關注社會秩序是貫穿聖經的信念，這也是由聖奧古斯丁到今天的歷代基督教社會理論家的共同信念……[52]

不過面對這難題，這世上所需要的不是一種萬應的靈丹妙藥，而是可以信靠和值得追尋的基本信念：

> 從來沒有惟一的藍圖。我們一次又一次聽到為正義、弱者及窮人權益發聲的先知呼聲，但從沒有普遍認受的基督教社會秩序宣言。然而，即使悠久傳統的基督教社會思想，也不能為當前政治和經濟體系提供即時的替代方案；但這傳統卻秉持著基督教的基本信念，認定在這個墮落的世界中，仍然有可

52 The Church of England, *Faith in the City*, 52. 筆者的翻譯。

能實現更好的社會秩序。[53]

此外，《城市的信仰》也提醒，耶穌在世宣告神的國度，不時也會挑戰當時既定的慣例和權威，這確實可以是具有「深遠的社會和政治含義」。當然要強調的是，只有帶傾向性的福音解讀，才會偏激地聯想到耶穌只是一個社會改革者，更不用說是涉及暴力的革命者。始終，耶穌所宣告的福音，首要是關注「個人、家庭和社區」的需要。[54] 那麼教會工作的策略平衡點在哪裏？《城市的信仰》對這問題是沉默的，並明智地沒有給予一個簡單明瞭的答案。很明顯，這是每個教會都要自行回答的問題。正如上述，教會首先要記住，從來都沒有惟一的藍圖或普遍認受的宣言可作依據。因此要回答這問題，教會大概是要對其特定的歷史、社會和政經環境保持敏感的觸覺，並且能夠適切地作出回應。以英國聖公會為實例，就是能夠著眼於當時特定的歷史社會政經環境，更被當時在舊城生活的貧困和痛苦所觸動，並願意留下同行。最終，英國教會能平衡地推動既是針對個人層面，也同時是瞄準整體社會結構問題的事工，以營造一個富「公義和憐憫的社會秩序」（a just and compassionate social order）。[55]

---

53 The Church of England, *Faith in the City*, 52. 筆者的翻譯。

54 The Church of England, *Faith in the City*, 48.

55 The Church of England, *Faith in the City*, 56～57.

約二十年後，英國聖公會在2006年發佈的第二份報告《忠信的城市》（*Faithful Cities*），再次確認及承諾會持續倡導在《城市的信仰》所宣告的城市使命和願景。這報告開首更明確點出，《城市的信仰》留下一個歷久常新的寶貴經驗給所有教會——當其他機構都離棄舊城社區時，教會卻願意繼續留下來服事這些被邊緣化的社區。[56]《忠信的城市》更從這思路，進一步推進了《城市的信仰》中的神學反思，宣稱當今世界所渴求的神學已經不再是學術上的「談論神」。今天的神學必須在兩方面指向「實用性」（practical）：首先，它是「轉化的源泉」（a source for transformation），能使每個信仰羣體在神的恩典下不斷地學習，以及忠實地實踐他們在世上的生活；其次，它是「實踐述行」（performative），支撐著信仰羣體在「世上行動時的信仰轉化能力」。教會參與城市的社會變遷是基於這樣一種信念，即神學不能只涉及私人和個人，更應該在公共領域中的倫理、社會和政經層面，實踐述行，帶動轉化，以表徵神一直「在整個創造世界與人時刻同行」。[57] 故此，活的教會必須是持續地在社會帶動轉化和改變，最終實現改善個人和整體社會的城市生活：

---

56 The Church of England, *Faithful Cities*, 7.

57 The Church of England, *Faithful Cities*, 14～15.

> ……事實上，有人倡議教會尤其要聆聽和回應邊緣和貧窮人的經歷。而城市教會要關注的這些羣體，卻又遠超他們所能應付的份額。很明顯，這聆聽、學習、參與和反思的進程，有助教會尋覓新的運作模式及不同的工作方式。然而，那些被帶進這些社羣的人們，他們的生命也應該得到充實和轉化。當然，轉化工作並不止於此。那些有能力和活力的本土基督信仰羣體，更要積極帶動其所處社區的轉化；他們應是推動復興的積極夥伴；也應總是一直助人得著豐盛生命。[58]

當然，新耶路撒冷應該是基督信仰羣體一直牢記在心的盼望。當他們每一次祈禱「願祢的國降臨，在地如同在天上」時，他們就再一次意識到自己對這盼望的熱切渴望。[59] 因此，《忠信的城市》指出，為著城市人能在神的恩典下得著豐盛生活，現今教會必須從神學的向度思考一個重點問題：「怎樣才能建構一座好城市」(what makes a good city)，以及教會在其中又該擔當怎樣的角色？同樣重要的是，那參與轉化舊城的實踐經驗也促使英國教會參悟到，城市本質上

58 The Church of England, *Faithful Cities*, 14. 筆者的翻譯。
59 The Church of England, *Faithful Cities*, 66.

就可以是「人與神相遇的地方」。城市是一個等候著被服事的地方。城市空間也可以是跨越現況，營造更理想生活的造夢空間。但更甚的是，神正呼召住在其中的人要以體貼神的心意去服事這城市。這一切自然指向一個「好城市」的願景和價值觀，就是要能充分關顧整體社會的福祉，以及增強整個社會的幸福感（social well-being），最終能為整體社會帶來在地的豐盛生活。就此，《忠信的城市》直言教會及其信仰羣體應該成為推動現代城市正面變遷的一股信仰轉化能力，倡議基督教信仰的公義、鼓舞、情境性和多元化（justice, empowerment, situatedness and diversity）的價值觀，並抗衡明顯只傾向經濟或門控（gated）的城市發展模式。[60]

至此我們不難理解，《忠信的城市》作為其神學反思的總結，英國聖公會衷心地接受了城市規劃理論家桑德科克（Leonie Sandercock）所倡議的概念，認同現今城市規劃要更能夠促進人的心靈康泰（spirituality）。從神學視野來看，更視之為「接近舊約聖經先知性願景」的「好城市」。《忠信的城市》第六章直接引用了以下桑德科克的語言：[61]

> 我想要的城市是鼓勵市民塑造和愛護他們自己的環

60 The Church of England, *Faithful Cities*, 54, 60.

61 The Church of England, *Faithful Cities*, 62.

> 境，而他們也樂於這樣做。我想要的城市是容許我的專業為上述所有方面有所貢獻。當然，城市規劃會是一場解放運動：排斥呆板乏味、無特色的公共空間；抗衡明星建築、投機者和典範者；反抗各式各樣來自不同來源的壓迫、支配和暴力。更甚的是，城市是市民拼搏新機遇的空間，他們沉浸在自己的文化中，又同時尊重鄰舍的不同文化，共同打造新的多元混合文化和空間。我想要的不是一個如同由會計師事務所管理的城市。我期盼的城市規劃是能協商慾望和恐懼、調解記憶和希望、促進變遷和轉化。[62]

英國聖公會反思其三十多年來，參與舊城社區在社會變遷進程中的同行經驗，堅定地確認及深化其當初所建立的社會變遷神學信念，而且訂下更明確的目標及優先事項。同樣重要的是，教會要參照上述基督信仰的願景和價值觀，在社會上實踐述行，發揮其轉化能力，推動正面的社會變遷，既要改善個人，也要為整體社會帶來豐盛的城市生活。正如前文所述，吳耀宗早在 1930 年代時已經發出先知性的呼聲，

62 The Church of England, *Faithful Cities*, 54. See also Leonie Sandercock, *Cosmopolis II: Mongrel Cities of the 21st Century*, (London/New York: Continuum, 2003), 208. 筆者的翻譯。

提醒教會有神聖的使命，去抗衡以進步之名卻忽略人文需要的城市發展。英國聖公會在舊城實踐述行的經歷有力地回應了吳耀宗的呼籲，這既是可行也是必須的。

南非教會的經驗

社會變遷神學自然會因應不同的社會政經環境有處境化的演變。作為與西方教會經驗的比較，本文將繼續探究南非教會以極大的決心和呼聲推動社會變遷，以抗衡種族隔離的社會政經環境的獨特經歷。如何開展這悠長又複雜的歷程？皮萊（Jerry Pillay）提議我們專注兩份重要文件，它們清楚地闡述了南非教會面對種族隔離社會的結構性不公平和弊病時，所進行的嚴肅神學反思和掙扎經歷，即《致南非人民的信息》（*A Message to the People of South Africa*）和《時機文獻》（*Kairos Document*）。[63]

1968 年，南非教會理事會（South African Council of Churches）發佈了《致南非人民的信息》，毫不含糊地宣告當時的種族隔離社會政經結構所衍生的「南非生活方式」，必然與基督的福音背道而馳。就此，南非教會要義不容辭

63 Jerry Pillay, " The Church as a Transforming and Change Agent, " *HST Teologiese Studies/ Theological Studies* 73.3 (2017): 9～10.

譴責「種族隔離的罪惡」。這是教會推動正面社會變遷，並在廣泛的社會層面注入「可看得見的希望」的第一步，而最終是要為南非人民帶來整體的社會福祉及增強整個社會的幸福感。南非人民應該能夠透過教會生活看到基督的福音（Gospel of Christ）。同樣重要的是，南非教會也應該行動起來，「促成神在此時此地的復和工作」，而不是坐著等待「所有問題都已解決的遙遠天堂」。[64]

《時機文獻》則在 1985 年發佈，及於 1986 年修訂。該文獻聲稱是經過廣泛社區協商和建立共識的「人民文件」，是旨在針對當時南非的政經社會背景而作出的聖經和神學思考，構建一個另類神學模型，引導非洲教會做出適當的必要回應和行動，從而真正的改變南非的未來。[65] 作為總結，《時機文獻》提出了要能適時作「先知性回應」（a prophetic response）的「先知性神學」（a prophetic theology）。更準確的說法是，教會先要恰當地解讀「時代的徵兆」（the signs of the times），然後更要「瞄準特定時空的獨特境況」，就如本個案中，南非獨特的種族隔離制度下的社會政經背景，然後

---

64 Theological Commission of the South African Council of Churches, " A Message to the People of South Africa, " *Worldview Magazine* 11.11 (1968): 12.

65 The Kairos Theologians, " Challenge to the Church/The Kairos Document: A Theological Comment on the Political Crisis in South Africa (1985), " in *The Moment of Truth: The Kairos Documents*, compiled and edited by Gary S. D. Leonard (University of KwaZulu-Natal: Ujamaa Centre for Biblical and Theological Community Development and Research, 2010), 5.

對症下藥行動起來。這「先知性神學」是傾向實用性，而不是學術性的討論。最重要的是，《時機文獻》本質上總是要抗衡當代社會結構性的罪惡和弊病。因此，它自然而然地包含了解讀時代的徵兆、願意採取行動、強調希望在人間、擁有精神力量和持久決心的重要屬性。[66] 正如皮萊所強調，《時機文獻》中所提倡的神學轉向，確實是大力鼓動了南非教會，參與推動南非的正面社會變遷：

> 它（《時機文獻》）主張聖經並沒有把人抽離他或她所生活的世界；也不會將個人與社會分割，包括不會割裂個人的私生活和公共生活。[67]

事實上，《時機文獻》是當時在分裂的教會環境中逆風而行的先知呼喚。它大聲而明確地指出，當時的國家神學（State Theology）為執行種族隔離的政權辯護，是一個錯誤。同樣的，當時的教會神學（Church Theology）在不加批判地接受種族隔離社會的不公義和壓迫下，所宣講的都是虛假的和平，以及虛偽的和解。[68] 至此，我們可以看到當時的

---

66 The Kairos Theologians, "Challenge to the Church / The Kairos Document: A Theological Comment on the Political Crisis in South Africa (Revised Second Edition, 1986)," in *The Moment of Truth: The Kairos Documents*, 63～64.

67 Pillay, "The Church as a Transforming and Change Agent," 10. 筆者的翻譯。

68 The Kairos Theologians, "The Kairos Document (1985)," in *The Moment of Truth: The*

南非教會某程度上驗證了考克斯的社會變遷神學。南非教會持守著成為當代南非「活的教會」，有力地走進整體社會去宣示看得見的基督信息、服務和希望。

當然，上述《時機文獻》呼籲教會要走進社會這一新方向，是針對著當時廣泛在國家宗教層面所認受的神學思維及架構。然而，及後這個新方向在南非基督信仰羣體中更廣泛植根和發展。在 20 世紀興起的非洲獨立教會（African Independent Churches）和非洲基督教神學（the African Christian Theology）便是明顯的延續發展，兩者都在非洲社會和社區的轉型中發揮了積極的作用。皮萊更宣稱這是一場「宣教革命」（missionary revolution），旨在宣告福音的重點「不是讓人們走進教會，而是讓教會走進世界」，要以「神的公義與和平轉化世界」，期盼人能在世獲得真正「豐盛生命」。[69] 更有意義的是，這信仰上的時代醒覺一直在南非持續發酵和深化。正如溫加德（G. J. van Wyngaard）指出，南非教會在 2010 年代末再次深化落實這走進世界的神學思維。這次的重點更是要求地區教會，與那些在快速城市化進程中衍生出來，卻又與社會斷裂的脆弱羣體同行。在這方面，當然沒有惟一的藍圖可以遵循。然而，地方教會應該牢

Kairos Documents, 8～21.

69 Pillay, " The Church as a Transforming and Change Agent, " 11.

記，教會是連繫著其所處的城市的，也要緊記對城市的處境保持敏銳的觸覺。因此，教會必須聆聽其所處城市的社會變遷，並有意識地作出回應，採取行動改進社會和城市人的福祉。[70]

踏入 2010 年代，費雷拉（Ferreira I. W.）繼續大聲疾呼，邀請南非眾教會加入「既新又迫切的宣教反思」，期望能在城市中尋得一種新的方式去實踐神所給予的使命。這使命的重點是要為城市中的每個人提供完整和全面的照顧。毫無疑問，這需要大量的個人努力、專注和犧牲，尤其是神的子民對他者的付出和給予。這將是一個由教會發起和策動的社區轉化過程，最終通過具體和有形的工作來改善城市人的福祉，從而在城市中展示神的平安（God's shalom）。教會推動這種社區轉化的主要目標，是「在我們的言行中彰顯神，以致神的國度和榮耀降臨在地，更能如同在天上一樣」。這種社區轉化行動是要瞄準人文社會的需要，確保人能在神的恩典下獲得真正的豐盛生命體驗，以致他們最終「能完全彰顯按照神的形象所創造的人性」。這些行動大致包括「促進人與人之間的信任和復和、以及彼此公平對待」；「建立具有共同願景和意識的社區」；和同樣重要的「創立新

---

70 G. J. van Wyngaard, "Conceptual Considerations for Studying Churches' Engagement with Urban Fractures and Vulnerabilities," *HST Teologiese Studies/Theological Studies* 73.3 (2017): 4.

機制、改善現在的社會機制和結構」。[71]

四、神聖和面向世俗

至此，我希望這篇文章能從聖經和神學的角度，輔以選取了的實踐經驗，闡述在當今全球快速城市化的環境下，地上教會在推動正面社會變遷上是擔當著重要的角色，幫助建立人能活在神恩典中且擁有豐盛生命的社會。就如前文所闡明的，我們滿有信心的認定，地上教會是被福音召喚要以行動來實踐信仰，要視其信仰為「一種生活方式，而不是教義架構」，為所處此時此地的城市注入「可看得見的希望」，以及優先關注人本的需要和倡導人文的關懷。教會的工作固然有理由以個人層面的慈善、服務和福音事工為優先，但教會不能逃避其推動正面社會變遷的使命，以糾正社會上結構性的不公義和不平等。教會不是為自己而存在，而是要「面向世俗」(worldly orientated)，為世界而存在。教會需要敏銳地觀察，並且適時回應不斷變化的社會環境。今天教會與其信仰羣體的運作模式，應該是要連結城市中的世俗者，共同倡議和推動彼此都渴望、具有「另類價值觀和生活」

71 I. W. Ferreira, "Seeking God's Shalom in South African Cities through a New Glocal Togetherness," *Verbum et Ecclesia* 38.1 (2017): 2, 6～7.

的宗教精神生活，從而建立能為我們城市人帶來真正豐盛生活的社會環境。簡而言之，教會就是要落實「神的另類城市」在地；也是「現在和這裏」的在地「新耶路撒冷」。

最後，本文會以凱克海弗（Richard Kieckhefer）的教堂建築歷史研究作為結語。凱克海弗引用了戴維斯（John Gordon Davies）和米歇爾盧奇（Giovanni Michelucci）的言論，強調教堂的建築設計及語言，最終都應該要指向「面向世俗」。戴維斯在 1960 年代研究教堂建築歷史時，也正是考克斯的《世俗之城》出版的年代。相仿地，戴維斯警誡我們在思考教堂建築的空間概念時，不要錯誤地只強調區分神聖與世俗空間，卻蘊含著教堂以神聖的名義抽離其所處的世界。因此，他提倡教堂的建築語言是要能與世界對話，且能表徵宗教和生活是合而為一，以及能宣示教會所關心的是世上所有人。[72] 更甚的是，米歇爾盧奇以有點誇張的立場認定：

> ……但不是教會是神聖的，而是城市是神聖的，而教會基本上應該要表徵城市的精神價值。但奇怪的

---

72 Richard Kieckhefer, *Theology in Stone: Church Architecture from Byzantium to Berkeley* (Oxford: Oxford University Press, 2004), 283～284. 有建議教會可以用適切的教堂建築設計，提高教堂在當代城市中的可見性和認同感，例如儘量以開放的設計、容許共享設施等，加強社區保持聯繫。

> 是，教會拒絕讓「神聖」(即城市)出現在其聖堂中。
> 它關上了門；它使城市無法進入。[73]

無論如何，這應該是當今教會要面對最終和最重要的挑戰。教會要負責倡導和實踐在地的「好城市」，在全球城市化進程中帶動正面社會變遷，為世人帶來滿有神恩典的豐盛生活。今天的教會既是神聖的，也同時是要「面向世俗」，才稱得上是「活的教會」。要成為神在地的神聖力量，去接觸和連結世俗人，共同宣講、實踐和實現能為每個人和整體社會帶來豐盛生活的「好城市」，而不是單以進步和發展為目標，卻忽略人文需要的城市發展。因此，教會的在世使命的精髓，就是要在其所處的此時此地實現「神的另類城市」和「新耶路撒冷」。

（本文轉載自《建道學刊》第五十七期〔2022 年 1 月〕，頁 87～119，已獲建道神學院授權轉載。）

---

73 Kieckhefer, *Theology in Stone: Church Architecture from Byzantium to Berkeley*, 284～285. 筆者的翻譯。

第 3 章

透過列斐伏爾視野的空間進路探究神聖空間：
分析香港教堂的空間分佈[1]

一、引言

本文的構思源於神學空間轉向（spatial turn）的一個研究主題，以空間分析（spatial analysis）探究神聖空間在競爭性空間環境（contested spatial context）下的運作。這是一個合乎情理的研究課題，因為「宗教要在空間被觸感到」（space makes religion tangible），以及是「被看得見的實體存在」（a visible and material presence）。況且，神聖和世俗空間在城市空間環境中唇齒相依，彼此既重疊、互補或競爭。所以，透過空間分析去探究在競爭性的城市空間環境下，如何爭取、運作以及掌控神聖空間，是一個關鍵卻經常被忽略

1 原文以英文撰寫“A Spatial Approach for Sacred Space through Lefebvre's Lens: An Analysis on the Spatial Distribution of Churches in Hong Kong,”刊登於《建道學刊》第六十期（2023 年 7 月），頁 163～204。

的研究課題。[2] 神聖空間的空間分析，旨在窺探那些影響著神聖空間生產（production of sacred space），而潛藏城市空間背後的政經動力和因素，從而思考「宗教在世俗肌理下的空間定位」（location of religion in the fabric of the secular）。正如下文闡述的，這是「先著眼空間政治而非空間詩意」（foregrounds the politics rather than poetic of space）的進路，去理解空間生產的進程，並且揭示那些潛藏背後促成生產的社會政經動力和因素。[3]

接下來，本文的第一部分會回顧過往探究神聖空間的轉折歷程，包括思考在空間環境中神聖空間的內在本質，以至其後理解到神聖與世俗空間並不相互對立，從而發展出神聖空間詩學和空間政治的研究課題。然後，本文會闡述諾特（Kim Knott）以空間政治為軸心的神聖空間分析，她亦建議以列斐伏爾（Henri Lefebvre）解說人存在空間所涉及的複雜互動關係的空間生產三元論（spatial triad），作為這空間分析的工具。本文會論證空間分析的重點，是要認識到神聖空間固然有其獨特的本質屬性，但也要靈巧抗衡其所處極具

2 Lily Kong and Orlando Woods, *Religion and Space: Competition Conflict and Violence in the Contemporary World* (London: Bloomsbury Academic, 2016), 2 ～ 3; Lily Kong, "Mapping 'New' Geographies of Religion: Politics and Poetics in Modernity," *Progress in Human Geography* 25.2 (2001): 212.

3 Kim Knott, "Religion, Space and Place: The Spatial Turn in Research on Religion," *Religion and Society: Advance in Research* 1 (2010): 35.

競爭性的城市空間背後的政經動力和因素，才能彰顯其宗教信念下的生活願景和希望，達致服務社會及見證神的宗教目標。文章最後一部分會就香港基督教和天主教教堂的空間分佈，進行上述的空間分析。當然，筆者明白這理論性的空間分析，仍然需要立足於香港特定的時空環境，才能有成效及有意義。[4]

二、神聖與世俗並不相互對立

要回顧神聖空間的研究歷程，伊利亞德（Mircea Eliade）的神聖空間論述是便捷的起點。伊利亞德繼承了悠久的學術傳統，認為通過隱喻解讀空間是理解神聖世界的一種方式。[5] 對伊利亞德來說，神聖和世俗是世界上的兩種存在方式，也是人類歷史上的兩種存在狀態。由此可見，神聖和世俗空間在本質上是二分的；而且更重要的是，它們是絕對的相互對立。[6] 當然，空間原本在本質上是均勻和中性的。然而，每一個神聖空間都會涉及神聖的「介入」

4 Kong, " Mapping ' New ' Geographies of Religion, " 226.

5 Roger Friedland and Richard D. Hecht, " The Politics of Sacred Place: Jerusalem's Temple Mount / *al-haram al-sharif*, " in *Sacred Places and Profane Spaces: Essays in the Geographics of Judaism, Christianity, and Islam*, ed. Jamie Scott and Paul Simpson-Housley (Westport: Greenwood Press, 1991), 24～25.

6 Mircea Eliade, *The Sacred and the Profane: The Nature of Religion* (New York: Harcourt, Brace & World, 1959), 14, 21.

（irruption）或神聖與人「溝通」（communication）的聖顯或顯聖（hierophany）經歷，使原先的空間顯現出神聖的特質而變得神聖，而這神聖空間既與周遭世俗空間並存，卻又與無秩序和混亂的世俗空間區分出來。[7] 這麼一來，原本同質及中性的空間世界，就演進成為一個涵蓋著神聖和世俗時空的異質空間世界。[8] 再者，神聖空間透過其獨特的屬性，能夠展示出其特定的宗教經驗。而這異質的神聖空間性更造就了「宗教人」（religious man）的出現，且強化他們的存在價值和特權。因為，這些「宗教人」理所當然會介入和參與，在空間上界定和宣示神聖空間，這就表徵了他們有力量能從混亂的同質空間中找到定向及秩序，並最終更有能力發現中心點及建立世界，而進入有真正意義的存在和生活。[9] 要實現這點，就必須在這些神聖空間中進行宗教儀式（ritual），好能藉此仿效和重複體會那些在該空間出現過的聖顯或顯聖經歷。要能有果效，這些宗教儀式是要能正確和無偏差地仿效及再現這些聖顯或顯聖經歷，以鞏固人的宗教經驗

7 Eliade, *The Sacred and the Profane*, 22, 26.

8 Christiane Barth, " In Illo Tempore, At the Centre of the World: Mireca Eliade and Religious Studies' Concepts of Sacred Time and Space, " *Historical Social Research* 38.3 (2013): 61.

9 Eliade, *The Sacred and the Profane*, 21～23. 準確地說，原文是指傳統社會中的「宗教人」（a homo religious man）。伊利亞德認為「非宗教人」從同質的世俗時空得著的經驗，是不可能找到定向及秩序，因為他們所經驗到的世界只能僅限私下生活經歷中的有限經歷。

和存在意義，確立神聖的歷史，以及避免因偏差而帶來的災禍。[10]

很明顯，伊利亞德的神聖空間概念是典型的「宗教局內人」(religious insider)或「實質性」(substantial)觀點，是探索「宗教局內人」那些透過神聖空間而被喚起的宗教體驗的，而這些體驗卻是有別於從中性世俗空間所獲得的體驗。[11] 因此，這探究進路的重點是，這些「宗教局內人」在神聖時空下的獨特宗教體驗，而非宗教的他者相信會被完全排除在這種體驗之外。這樣一個神聖與世俗相互對立的異質空間世界，必然導致「神聖就相當於一種力量」和「等同於真實」的局面。於是乎，「宗教人」自然會極其渴望至聖(be sacred)，以期能「參與真實」，且更能「滿有權力」。[12] 當然，這可以是人披著宗教熱情外衣的政治野心。可惜的是，伊利亞德並沒有這社會政治方面的思考。這揭示了伊利亞德的神聖與世俗二分法空間觀念的盲點，包括對神聖空間的理解被狹義地規範在「靜態學和實質範疇」(statics and substantive category)；也「被剝奪了政治和真實歷史」

10 Eliade, *The Sacred and the Profane*, 29; Barth, " In Illo Tempore, At the Centre of the World, " 62.

11 Kong and Woods, *Religion and Space*, 5; David Chidester and Edward T. Linenthal, " Introduction, " in *American Sacred Space*, ed. David Chidester and Edward T. Linenthal (Bloomington: Indiana University Press, 1995), 5.

12 Eliade, *The Sacred and the Profane*, 12～13; Barth, " In Illo Tempore, At the Centre of the World, " 62.

（stripped of politics and real history）；[13] 甚至在某種程度上是神學家所宣講的規範性主張。[14]

所以毫不奇怪，隨之而來的自然是對伊利亞德觀念的批判。當中，史密斯（Jonathan Z. Smith）是關鍵的全面挑戰者。史密斯既否定了伊利亞德的抽象隱喻解讀神聖空間進路，也啟動了一個範式轉移（paradigm shift），轉向探究在特定時空背景下的具體空間情境分析，涵蓋其所在地的歷史和文化各方面。首先，史密斯不認同伊利亞德的神聖與世俗空間是處於相互對立狀態的觀點。再者，史密斯宣稱沒有甚麼是天生神聖或世俗的，他甚至認為神聖空間的神聖屬性（sacredness）不一定是直接和必然的由聖顯或顯聖經歷所促成。因為在現實的特定時空環境下，區分每個具體空間作不同屬性和性質用途的「區分空間」（marked-off space）都是人的行為。當然，區分神聖空間也不會例外，都是人為的「區分空間」。簡而言之，史密斯的關鍵信息是，神聖空間完全是由人的空間定位行為（emplacement）所決定；因此空間是屬乎神聖抑或世俗，全然取決於其所處的位置。[15]

---

13 Friedland and Hecht, " The Politics of Sacred Place, " 25.

14 Barth, " In Illo Tempore, At the Centre of the World, " 66～67.

15 Jonathan Z. Smith, *To Take Place: Toward Theory in Ritual* (Chicago/London: University of Chicago Press, 1987), 104.

對史密斯來說，神聖屬性實際上是人的勞動力產物，而神聖和世俗空間的出現及存在都有其促成的社會因素。所以，他認為神聖空間應該被視為一種社會建構來解讀和研究。於是乎，宗教儀式不再被解讀為仿效和重複體驗聖顯經歷，而是人刻意區分神聖空間時所需要賦予此特定空間神聖屬性的宗教儀式。[16] 所以，宗教儀式就是人在特定的時空下，去區分和標記具體神聖空間時的空間定位行動（emplacement action）。以史密斯的話來說：

> 宗教儀式不是對「神聖」的表述或回應；相反，某物或某人是通過宗教儀式而成為神聖（祭祀犧牲的主要意義）。[17]

迄今為止，史密斯的貢獻仍然是研究神聖空間的一個飛躍點，終結了視神聖與世俗是絕對對立的年代，同時也開啟了探究神聖空間所涉及的人的課題和政治的研究路向。[18] 正如下文將要闡述的，史密斯為神聖空間的空間分析奠定了基礎。

---

16 Barth, " In Illo Tempore, At the Centre of the World, " 68～69.

17 Smith, *To Take Place*, 105.

18 Barth, " In Illo Tempore, At the Centre of the World, " 69.

三、競爭性的神聖空間

那麼，如何研究神聖空間而聚焦人的課題和政治呢？就此，柴德斯達（David Chidester）和林塔爾（Edward T. Linenthal）提出了以「競爭性的神聖空間」（contested sacred space）概念為研究焦點。柴德斯達和林塔爾認為，鑑於空間本質上是一種稀缺和有限的土地資源，所有土地使用者都必然要在競爭，甚至在利益衝突的空間環境下，才能控制、管理和擁有土地。因此，在這樣富競爭性的空間環境中，神聖空間的生產在其特定的社會政經環境下，也是「無可避免地要捲入與企業、社會、政治和其他世俗力量之相互糾纏中」：[19]

> 神聖空間的形成中，最重要的現實層次往往不是天堂、人間和地獄等「神話色彩」的範疇，而是表徵支配與從屬、包容與排斥、佔有與剝奪的等級權力關係……因此，神聖空間不僅僅是錨定在神話或情感，它更重要是要錨定在具體社會中的權力和現實關係。[20]

---

19 Chidester and Linenthal, "Introduction," 16～18.
20 Chidester and Linenthal, "Introduction," 17.

顯然，這些現實和權力關係，是指向社會、經濟和政治層面的潛藏力量。還要強調的是，這競爭性的空間環境不僅局限於神聖的土地用途和世俗的土地用途之間的競爭，也可以是不同宗教之間的競爭。因為在當今多元民族和多元宗教的社會中，不同宗教和宗教組織之間在土地資源上的潛在競爭和衝突，也並不少見。[21]

四、神聖空間的詩學與政治

至此，神聖空間的研究，發展出兩大方向：(1)神聖空間的詩學和(2)神聖空間的政治：

1. **神聖空間的詩學：**是從「局內人」視野進行的「實質性」(substantial)分析，旨在呈現蘊含在神聖空間的、那些能喚起「局內人」宗教體驗的神聖特質。而這宗教體驗會令人更深意識到神聖的本質屬性，觸動他們感受到超乎現實世界的奇妙和美好，並且滿有永恆意義的體會。
2. **神聖空間的政治：**則是從「局外人」角度進行的「情境」(situational)分析，目的是研究神聖空間在其所處的特

21 Kong and Woods, *Religion and Space*, 9.

> 定社會情境、關係，甚至具競爭性的空間定位，從而理解潛藏其背後、促成這神聖空間存在的人為力量。[22]

至於後者，柴德斯達和林塔爾更進一步認為，勒烏（Gerardus van der Leeuw）所提出的神聖空間政治的四種原型，可以是理解「競爭性的神聖空間」的門徑。這四種原型包括：（1）定位政治（the politics of position）——即神聖空間的定位必涉及空間征服的政治行為；（2）業權政治（the politics of property）——即神聖空間的佔用、管有、擁有的權力遊戲；（3）排斥政治（the politics of exclusion）——即鞏固神聖空間的邊界和維繫區分空間的神聖，將不受歡迎的人拒之門外；以及（4）流亡政治（the politics of exile）——指當今現代世界傾向忘卻、疏離，和頂多是懷緬過往神聖情懷的社會現象。[23]

然而，在現實世界中，這神聖空間的詩學和政治兩大研究方向並不相互排斥，而且在某種程度上，它們是彼此互補。江莉莉（Lily Kong）甚至告誡，這詩學和政治二分法充其量只是一個方便研究的理論框架，它應該在現實世界中是促進而不是窒礙，幫助我們探討神聖空間詩學和政治

---

22 Chidester and Linenthal, "Introduction," 5～6; Kong and Woods, *Religion and Space*, 5.
23 Chidester and Linenthal, "Introduction," 7～9.

的連繫性和交叉關係。[24]

五、列斐伏爾的空間進路

諾特認同，神聖空間的詩意和政治二分法是兩種截然不同的學術進路，有助更開放地探究神聖空間這課題。就此，諾特為著探索宗教在世俗城市肌理及結構下的空間定位，提出了聚焦神聖空間政治的空間分析方法。[25] 換句話說，諾特要求宗教研究要更真實和貼地，其研究重點是要將宗教置於其所處的具體城市環境中進行分析。首先，諾特的空間分析是認定城市空間是由物理、心理和社會維度的動態因素整合構成的。空間的生產和再生產都是源自人的行為，而人的個人和集體層次的社會關係，亦呈現在這可以看得見的城市空間肌理之中。空間也是表徵權力（power-full），因為富競爭性的空間是傳揚和塑造不同意識形態和價值觀思想的空間舞台。[26] 同樣地，神聖和宗教用地在富競爭

---

24 Kong, " Mapping ' New ' Geographies of Religion, " 212, 226. 江更指出神聖空間的研究範圍應從「官方神聖」（officially sacred）的空間（如教堂、寺廟、猶太教堂）擴展到「非官方神聖」（unofficially sacred）的空間（如宗教學校、宗教組織和朝聖之路）。

25 Knott, " Religion, Space and Place: The Spatial Turn in Research on Religion, " *Religion and Society: Advance in Research* 1 (2010): 31, 35.

26 Knott, " Spatial Theory and Method for the Study of Religion, " *Temenos* 41.2 (2005): 159～162.

性的城市環境，也不可以免疫於空間本質的運作動力，即背後所涉及的權力博弈、競爭和討價還價。[27] 因此，城市裏面的大小教堂，可以理解為神聖空間競技場所，在富競爭性的城市空間，既以宗教儀式標記及展示其看得見的神聖屬性，亦同時傳揚其宗教信仰及相關的人文關懷信念。[28] 以諾特的話來說：

> 宗教本質上是社會性的。它也必須在空間中存在，並且要能在空間中表述自己。此外，它在社會空間（social space）的生產和再生產也要發揮其作用。[29]

所以，諾特指出有意義的宗教空間進路必須是具有分析能力，能從空間的維度、屬性和形態來解碼空間；也要掌握那些促成空間生產（無論是世俗或是神聖空間）背後的動力和因素。她強調空間分析的重點是要聚焦空間本質，從而分析其所蘊藏的社會關係。[30] 依循這思路，諾特率先從社會建構主義的範疇中，尋找適切的分析工具和理論。因此，她提出了建構於列斐伏爾的空間理論上的分析方法，旨在有

---

27 Knott, " Religion, Space and Place, " 36.

28 Knott, " Spatial Theory and Method for the Study of Religion, " 162.

29 Knott, " Spatial Theory and Method for the Study of Religion, " 159.

30 Henri Lefebvre, *The Production of Space*, trans. Donald Nicholson-Smith (Oxford/Cambridge: Blackwell, 1991), 89.

效地揭露及展示深深隱藏在神聖空間生產背後，那些宗教者和世俗者在爭取空間資源上的碰撞、紛爭和競爭的經歷。[31] 更準確的說法是，她聲稱列斐伏爾的空間生產三元論是有用的空間分析工具，可以發掘和揭示在競爭性的空間環境下，潛藏在空間生產背後的動態力量和對立張力。列斐伏爾的空間生產三元論定義了空間的三個相互關聯的形態，即空間實踐（感知的空間；spatial practice/perceived space）、空間的表徵（構想的空間；representations of space/conceived space），以及表徵之空間（生活出來的空間；representational space/lived space）：[32]

1. **空間實踐（感知的空間）：**一個社會的空間實踐隱藏著這個社會的空間結構；這空間實踐也在辯證互動中提出並且預設了社會空間，它緩慢而肯定地生產了社會空間，也同時掌控並佔用社會空間……空間實踐必須具有一定的凝聚力，但這並不意味著它是連貫協調的（在正確知識或合乎邏輯的意義上）。
2. **空間的表徵（構想的空間）：**這是由科學家、規劃師、城市學者、技術官僚和社會工程師等構想出來的概念化

31 Knott, "Religion, Space and Place," 35.

32 Knott, "Spatial Theory and Method for the Study of Religion," 158; Knott, "Religion, Space and Place," 36.

的空間……。這是任何社會的主導空間(或生產方式)。

3. **表徵之空間(生活出來的空間):**這是通過相關意象和象徵符號而直接生活經歷出來的空間。因此,它是「居民」和「使用者」的空間……這是「居民」和「使用者」藉創意和想像力,試圖改變和佔有主導空間(也是他們消極被動經驗到的感知空間),而得來的生活空間。[33]

諾特認定列斐伏爾的空間生產三元論是一個很好的分析工具,既能揭示空間的本質和其背後的動力,也是一個批判性的理論框架,有助思考「人如何體驗、使用和表徵他們所棲居的空間」。[34] 列斐伏爾更明確指出,這三元論是關乎城市空間如何在資本主義生產模式下運作的學問。它既窺探城市空間發展背後運作的邏輯和動力,更闡述這隱藏背後的運作,其實最終都是服膺在社會中佔主導地位和掌控制權者的利益之下。[35]

列斐伏爾的空間生產三元論固然是理解城市空間的運作邏輯和動力的有力理論,更甚的是,這三元論激發我們思考一個幾近倫理性的問題:究竟城市空間是由誰、以及為誰而生產?又是向著甚麼目標,最終又得著甚麼呢?列斐伏爾的

33 Lefebvre, *The Production of Space*, 38～39.
34 Knott, " Religion, Space and Place, " 36.
35 Lefebvre, *The Production of Space*, 11.

空間理論之美，在於它被賦予了一股獨特力量和動力，驅使我們思考，以更人文和公義的模式使用及構建城市空間，並且要慎重考慮大眾城市人的需要、優先事宜、價值觀和意義，而不僅只聚焦於經濟資本累積。[36] 這已經是道德性的，甚至在某種程度上，已經提升至幾近宗教層次的思考。因此，這個道德性的觀點，值得我們在下面討論神聖空間時再深入探究。

很明顯，列斐伏爾視構想的空間（空間的表徵），旨在維持和促進在社會上佔主導地位的意識形態與權力階層的政治、經濟和社會利益。因此在他的三元論中所述的三個空間形態，構想的空間是公然地支配著現今資本主義社會的空間生產。因為，社會上主導和掌權者必然藉著掌控及支配著構想的空間，而支配著社會上的城市空間生產及其形態，以保障及促進其自身的利益。[37] 然而同樣重要的是，列斐伏爾也洞察到人本性的想像力和創意能力，既渴望也能夠在城市空間的運用上，嘗試抗衡在社會上主導的空間秩序和意識形態：

> 我們會以創意和有趣的方式顛覆、想像、開拓空間，並且會在這些空間施加我們自己的意義和價值

36 Andrzej Zieleniec, "Lefebvre's Politics of Space: Planning the Urban as Oeuvre," *Urban Planning* 3, Issue 3 (2018): 7.

37 Zieleniec, "Lefebvre's Politics of Space," 7.

> 觀，甚至改變其用途。當然，我們這些方式可能會與那主導的構想空間形態有所衝突和競爭。[38]

這正是普羅城市人所追尋及爭取生活出來的空間（表徵之空間）。只要有機會，他們便會尋求以他們的另類方式，挪用和改變構想的空間，以逃避和超越他們無奈而循環的日常生活體驗。這可能只是因為好玩，也可以是為了遊樂，甚至是為了精神心靈舒泰。人就是通過創意、保持希望和滿有期待來表達及強化他們在城市空間中的存在、歸屬、認同和文化意識。[39]

再者，諾特更進一步演繹列斐伏爾的空間生產三元論。他主張「地方」（place）是三元論中的構想、生活出來和感知空間的三個空間形態的相遇點，並且在碰撞下能達致「結構化連貫性」（structural coherence）。[40] 換句話說，人生活在現實的空間環境，將不可避免地遇到並接受主導空間秩序的構想空間，這反映他們在生活層面需要依循社會上廣為接受的空間實踐；但同樣重要的是，人仍然會努力在他們的「地方」，創造他們自己生活出來的空間體驗故事。[41]

---

38 Zieleniec, " Lefebvre's Politics of Space, " 7.

39 Zieleniec, " Lefebvre's Politics of Space, " 6～7.

40 Kim Knott, *The Location of Religion: A Spatial Analysis* (London/Oakville: Equinox Pub., 2005), 32.

41 Knott, *The Location of Religion*, 39.

> 根據梅里菲爾德（Merrifield）的說法，如果城市空間被設定為特定主導構想的空間，那麼城市人能夠挑戰這主導秩序的競技場，會源自他們日常生活實踐的地方。因為地方更能面向人的真實生活時刻，而構成感知空間的空間實踐則「辯證地牽連著構想空間和生活出來的空間」，因此在地方和空間之間具有中介調和作用。[42]

因此，以空間術語來說，一個「空間」成為一個「地方」，已經是非一般的空間論述，而是指向特定位置及環境（包括其文化、歷史及時空維度）的空間定位。這也正是空間使用者、佔有者和擁有者賦予地方的不同且獨特的地方認同感。在這裏，我們聽到諾特與多年前的史密斯穿梭時空的對話。史密斯認定神聖空間的神聖屬性是人為的具體空間定位行為所賦予的；而諾特認同史密斯外，更向前邁出一步，提出以列斐伏爾的空間生產三元論作為分析工具，更具體地探究神聖空間在現實空間環境下的特徵和屬性。[43]

---

42 Knott, *The Location of Religion*, 32～33.

43 Knott, *The Location of Religion*, 39.

六、宗教的空間實踐

諾特確認宗教必須在城市空間中存在和表述自己，而神聖空間則是人為的空間定位行為，以標記及區分空間的神聖屬性。因此，從列斐伏爾的視野，諾特指出人在特定的空間執行那些充滿宗教行為、意義和價值觀的宗教儀式，便順理成章的分別標記和定義了這些空間的宗教用途及神聖屬性。而這些無論個人或集體在空間中執行的宗教儀式，其本質就是區分空間及賦予其神聖屬性的宗教性空間實踐（spatial practice made sacred）。諾特更稱這為「宗教儀式的執行，自然會催生地方」（ritual takes place, and makes place），而這「催生地方」，當然是指神聖空間的生產。[44]

> 根據列斐伏爾的說法，空間實踐「指的是人如何建立、使用和感知空間的方式」。因此，宗教在社會上的存在形式，以及其社會秩序和文化形態，都是空間實踐的結果。當然，這會是滿有宗教意義及特色的宗教空間實踐。[45]

---

44 Knott, "Spatial Theory and Method for the Study of Religion," 163; Knott, *The Location of Religion*, 43.

45 Knott, *The Location of Religion*, 43.

七、構想空間中的獨特神聖空間

沙德格（Philip Sheldrake）指出，當今現代城市的規劃和發展是朝向功能性及實用性，其首要目標是確保城市是高效生產和便捷的空間環境，以獲取最大的生產利潤。因此，現代城市的構想空間幾乎被認定只是一個理性客觀的工程問題，並且鮮明地展示了憑仗規模、經濟和權位的力量。[46] 同樣地，諾特也指出現代城市的規劃及發展政策和優先關注的課題，都是不利於只看重無形精神心靈價值的神聖空間發展。所以，她甚至大聲疾呼說，現代城市的構想空間顯然是「世俗的，就算實際上不是反宗教的」。[47] 縱然這是現實，那麼究竟神聖空間與其他世俗空間相比，有沒有其獨特性？又它們在上述主導的構想空間下，又有怎樣的特別角色、甚至貢獻？

上文問題的答案是正面和樂觀的。相比其他世俗用途的城市空間，城市中的大小教堂作為其所處的城市的神聖空間，是有其獨特性。首先，神聖空間很大程度上是不會盲目跟從、甚至會試圖擺脱或抗衡現今資本主義城市下的商業

---

46 Philip Sheldrake, "Space and the Sacred: Cathedrals and Cities," *Contact* 147 (2005): 11.

47 Knott, *The Location of Religion*, 44. 這是諾特對現代城市規劃和發展的評論。諾特還引用列斐伏爾的論點，以羅馬天主教曾經對城市發展掌握話語權的歷史例證，指出歐洲中世紀的大教堂和教堂主導著當時的城市空間。

化空間運作模式。所以，大小教堂的建築形態通常都展示了定義明確的宗教建築語言和符號，以貫徹其建造目的就是要在城市空間中世代長存，以及作為可被看得見的純粹宗教用途空間。[48] 更甚的是，這些大小教堂要在城市中催化一股嚮往更崇高秩序的神聖意識和氛圍，陶冶個人、社區，以至整體城市，從而激發和鼓動人要在精神心靈上趨向神聖及超越物質限制。作為一個示例，沙德格認為那些擴散在現今城市中的摩天高樓大廈，是在現今傾重功能和實用的城市環境中，表彰規模、經濟和權位的力量；而在城市空間的大教堂中則是宣示道德和精神心靈的提升，並且指向事物的另一個更崇高的秩序，無論人如何定義這秩序。[49] 因此可以這樣理解，神聖空間的獨特性，正正就是其持續在城市空間中展示這精神心靈維度的屬性。

此外，宗教是要能在空間中表述自己的存在的。這些大小教堂，作為城市中的神聖空間，透過其滿有宗教意義和信念的建築語言及形態，就是宗教在城市空間能被看得見的獨特形象表述。而在城市的發展進程中，這些教堂建築可以影響甚至塑造其所處城市的空間發展肌理和形態，也可能在這進程中被淹沒在城市肌理之中。這大概就是神聖空間無

48 Jakob Helmut Deibl, "Sacred Architecture and Public Space under the Conditions of a New Visibility of Religion," *Religions* 11(8):379 (2020): 9, 14.

49 Sheldrake, "Space and the Sacred," 11.

可避免要在城市中面對的「被看得見」(visibility)和「被淹沒隱蔽」(concealment)的空間張力。要留意的是，那些仍能屹立在今天的城市，且仍「被看得見」的教堂建築，固然仍是宗教在城市空間的存在表述，它們的建築形態在現今的城市肌理中更帶著一種「時代錯置」(anachronistic)的氛圍和感覺。這些「時代錯置」空間特質，是有意識地促進由置身今日的空間去追塑過去和延伸到未來；是今日的空間卻承載和重疊著能看得見的過去不同時代；也是如同鏡子反映不同時代的獨特空間。[50] 正如下文將要討論的，現今城市的規劃和發展，也得尊重這神聖空間的特性，並切實把它們結合在其構想的空間。

事實上，儘管今天的城市規劃大都是傾重實用和功能效益，但都仍然肯定神聖空間，特別那些具歷史保育價值的大小教堂，在當今現代城市肌理中的獨特屬性以及其重要貢獻。例如，諾特指出英國的城市規劃和發展管控，保育已經列入及經評定等級的歷史建築，是一個重要政策考慮。因此，英國具歷史價值的教堂大有可能透過這政策而得到保育，繼續作為宗教在空間的存在表徵。諾特甚至樂觀認為，英國的保育政策有利於維持英國基督教歷史的公

50 Deibl, "Sacred Architecture and Public Space under the Conditions of a New Visibility of Religion," 4, 14.

眾面貌。[51]

另一例子，戴布爾（Jakob Helmut Deibl）以維也納的神聖空間為例證，指出隨著悠長時間的城市發展歷程，神聖空間，尤其是那些地標的大小教堂，已經完全融入現今的城市肌理。更甚者，這些教堂建築物本身，連同其周邊地區，大都已經發展成為城市的重要部分，甚至成為城市的獨特形象。[52] 此外，馬斯塔萊茨克（Joanna Gil-Mastalerczyk）在波蘭凱爾采（Kielce）的研究，亦發現那些神聖建築及其周邊相關的街道、公共空間和廣場，在定義該城市的特色和認同感時，擔當著重要的獨特角色；在某些情況下甚至有助於提升城市的形象和競爭力，從而獲得有形的實際經濟利益。[53]

筆者希望藉上述的例子指出，這保育及結合神聖教堂建築到當今城市的構想空間，在很大程度上是出於實際的考慮。因為，這些教堂建築的存在，至今已經是一個歷史現實，甚至隨著發展歷程，現今已經是位於城市的戰略或黃金地段，因而現實上它們已經成了城市身分和形象的一部分，亦很多時會為其所處城市帶來實質的經濟利益。事實上，這保育政策的基本信念，往往是要求所謂平衡考慮促進經濟

51 Knott, *The Location of Religion*, 47.

52 Deibl, "Sacred Architecture and Public Space under the Conditions of a New Visibility of Religion," 4～8.

53 Joanna Gil-Mastalerczyk, "The Place and Role of Religious Architecture in the Formation of Urban Space," *Procedia Engineering* 161 (2016): 2054～2057.

利益和保育宗教文化，而不會是單方面的宗教文化保育。此外，那些已經荒廢和停用的教堂建築被復修改建，然後用作其他非宗教的各種經濟或社會設施用途，也並不罕見。因為，這也是完全符合現今社會要求善用匱乏土地資源的思維和運作模式。

八、生活出來的神聖空間

要理解神聖空間的獨特性，更重要的是要認識到神聖空間在城市的影響力，是有別於世俗空間那樣只是局限於功能和物質方面。神聖空間在其所處的城市，不僅要競爭物質性的土地資源的控制和管理，還要表徵其宗教信念的「象徵性剩餘價值」（symbolic surpluses）。因為神聖空間如大小教堂在城市被界定為神聖時，也同時被轉化為宗教標記和符號的空間舞台，在其所處的城市闡述其充滿宗教意義的「象徵性剩餘價值」，那就是其特別看重人的身心靈需要的宗教信念和價值觀。所以依循這思維，神聖空間在這方面的影響力，不再受其物質空間及邊界的限制。因為，它們存在於城市的定位，不應再被視為僅僅是一個「固定點」（a fixed point），而應該是超越其物質空間界限的一個向外走出去的「出發點」（a point of departure）。意思就是，神聖空間如大小教堂，是要向城市不斷向外地闡述、催化及實踐其宗教信念和價值的一個空間出發點，同時其建立意向更要走上一個面向城市的被接受和被拒絕的無盡的進程。[54]

另外，戴布爾亦以方舟作為神聖空間和教堂建築的意象，來闡述神聖空間在城市的獨特性。他提出，城市中的神聖教堂建築可以隱喻解讀為在城市的房屋海洋中（ocean of houses in city）下錨停泊。而建造這些神聖建築的本意，是它們既不屬於某一特定城市羣體或某一代的城市居民，也沒有人可以永久棲居在這裏，因為每個人都只是客旅暫留在那裏，然後不得不離開而繼續前行。換句話說，神聖建築或空間本質上是為現在和未來的所有人建造的「共享空間」（shared spaces）；更重要的是，它們不僅僅是開放給虔敬的宗教信徒，也是無篩選地向外開放，接待社會上各種各樣和各階層的城市人，更包括那些對宗教不熱衷，甚至不感興趣的人。明顯的，這些城中的神聖教堂建築自然是與眾不同的獨特地方，邀請所有城市「客旅」進入這「共享空間」，去體會一種跨越時代的宗教氛圍和體驗。[55] 因此，戴布爾指出，神聖空間的願景就是要成為存在於城市中的獨特地方，張開雙臂接納所有城市人和「客旅」，給予他們一種獨特的生活出來的神聖空間體驗，而這體驗機遇是其他世俗空間無

---

54 Chidester and Linenthal, " Introduction, " 18.

55 Deibl, " Sacred Architecture and Public Space under the Conditions of a New Visibility of Religion, " 4～5, 9, 14～15.

法提供的：

> 神聖空間或建築對公共空間的貢獻，可用這樣的願景來表述：神聖建築可以如方舟一樣，非常穩定及穿越時間的向前行，它們的空間能量能夠承載著及展示時代的流逝。因此，無論訪客是誰，其目的是出於宗教還是其他，都可以在一個地方得以體會到一種跨越時空和多視角的體驗。[56]

沙德格也有類似的看法，視城市中的神聖空間，特別是大教堂為聖禮的空間載體，因此它們本質上是城市空間中看得見的重要聖禮符號，其空間定位縱然是「有界限的地點」，但同時是「出發點」。[57] 沙德格更從他的聖禮神學思考神聖空間在城市的獨特作用：

> 聖禮神學需要像大教堂這樣的物質建築符號。然而，這些並不能保護神聖免受那些就在它們外面的固有世俗力量影響。如果這些大教堂願意冒險的向外走出去，在曖昧的街道上再次尋找神聖，那麼這

56 Deibl, " Sacred Architecture and Public Space under the Conditions of a New Visibility of Religion," 15.

57 Sheldrake, " Space and the Sacred," 13, 15, 16.

大教堂就是真正的活出自己。[58]

因此，筆者認為神聖空間就是成就這種向外走出去的宗教胸懷的空間跳板，以宣揚其宗教願景、希望和承諾，並催化一種獨特和另類的生活出來的神聖空間體驗，帶動在城市的真正豐盛生活。首先，在精神心靈維度上，神聖空間有別於其他世俗空間，是在城市空間中可見得到的空間宗教標誌和符號，也是宣揚神、人和地方固有動態關係的空間競技場所。另外，這些城市中的神聖空間也是人在地上與神相遇的獨特空間；更是神在地上開展行動的空間舞台，那就是轉化人的信念，願意構建以神為中心的世界，實現真正的豐盛生活的空間體驗。總結來說，地上的神聖空間是要在城市中服務、活出見證，儘管神聖空間的生產仍是要服膺在資本主義生產模式下的城市運作邏輯和力量。[59]

其次，神聖空間是地上的神聖力量的空間出發點，在神的恩典下，使教會成為神聖的力量，在當代的城市中有效、恰當地傳播福音（*kerygma*）和服事世界（*diakonia*），指向並引導走向另類更完整、幸福和健康的生活空間體驗。更重

58 Sheldrake, " Space and the Sacred, " 16.

59 John Inge, " A Christian Theology of Place " (Durham E-Theses Online, Durham University, 2001), 224～228; available from Durham University Website (http://etheses.dur.ac.uk/1235/); accessed 18 February, 2019.

要的是，這些城市中神聖空間是面向城市的整體社會，無論當中是有宗教信仰、還是無信仰、或有其他信仰的人。因為，在當今全球化的快速城市化進程中，地上教會在推動正面社會變遷擔當著重要的角色，為的是要建立人能活在神恩典中、且擁有豐盛生命的社會。[60] 換個隱喻的說法，這些神聖空間可以視為在城市中看得見的先知性的呼聲和起動的信仰行動，以抗衡主導著當代城市秩序的空間實踐和構想的空間，並宣告且致力於推動在神的恩典下，踐行藉信仰、盼望和行動可以實現的另類生活出來的神聖空間體驗。

九、日常戰術

值得注意的是，往往挑起抗衡城市所主導的空間秩序的是宗教羣體，特別是那些位於邊緣和隱蔽的少數羣體。他們通過創造性或象徵性的方式，挪用和改變那些由城市所主導的構想空間用途，某程度上是嘗試擺脱這主導空間秩序的支配，爭取另類生活出來的空間體驗，在城市中爭取更合宜的存在和得到認同。[61] 同樣，莫克斯內斯(Halvor Moxnes)也

60 Edward W. Lo, " On the Role of the Church in Social Change: An Exploration from the Biblical, Theological and Empirical Perspectives, " *Jian Dao* 57 (January 2022): 96, 116.

61 Kong and Woods, *Religion and Space*, 8; Knott, " Spatial Theory and Method for the Study of Religion, " 165.

認同這種尋求另類生活出來的空間體驗，通常大都是涉及社會上的非精英階層，更多是反映了那些邊緣和隱蔽的社會羣體對城市的批判。[62] 塞杜（Michel de Certeau）則從日常生活微政治的進路提出，城市的普羅大眾會尋找機會操控或改變他們所處的城市空間用途，他們所採用的幾近是鑽空子式而非對立式的「日常戰術」（everyday tactics），以爭取他們所渴望更美好的生活空間體驗，抗衡由社會的機制和結構權力所擬定和塑造的構想空間策略（strategy）。更甚的是，沙德格認定這富抗衡意味的「日常戰術」固然是政治性的，但也許更重要的是蘊含著道德，甚至是宗教性的意義。[63]

事實上，近年相關研究也記錄了現實世界的這種宗教羣體的「日常戰術」。瓊斯（Rhys D. Jones）的實證研究，記錄了英國西威爾斯（Western Wales）的穆斯林信徒所採用的「日常戰術」，尤其具有借鑒意義。在這研究個案，瓊斯引用了以列斐伏爾的轉移用途概念（diversion；即一個空間被經常地轉移用作超出了其原意用途，而成為其他用途的

62 Halvor Moxnes, " Landscape and Spatiality: Placing Jesus, " in *Understanding the Social World of the New Testament*, ed. Dietmar Neuteld and Richard E. DeMaris (London/New York: Routledge, 2010), 95.

63 Philip Sheldrake, *The Spiritual City* (Oxford/Malden: Wiley-Blackwell, 2014), 106; Michel de Certeau, *The Practice of Everyday Life*, trans. Steven Rendall (Berkeley/Los Angeles/London: University of California, 1988), xix.

偶發空間）和佔據挪用概念（appropriation；即一個空間被佔據及挪用作其他用途的權宜和臨時空間），去分析那些位於邊緣的西威爾斯穆斯林信徒所作的「日常戰術」。英國西威爾斯在語言上是威爾斯語佔大多數；而在宗教上大都是信奉基督教，並且比例比英國平均水平更高，因此當地的穆斯林信徒自然是非常少數的邊緣宗教羣體。瓊斯的研究發現，這西威爾斯的穆斯林信徒羣體的「日常戰術」包含兩方面：首先，他們將日常生活的房間和建築物從其原有功能，轉移用作他們的禮拜和宗教活動場所；其次，他們也會佔據挪用那些方便、適合他們工作或學習環境的臨時空間，甚至快閃出現，以其成為他們臨時及權宜的宗教祈禱地方。用列斐伏爾的術語來解說，前者是通過轉移用途，而後者則是透過佔據挪用來生產臨時或權宜的神聖空間。然而，瓊斯的研究指出，上述藉轉移和挪用城市空間作為神聖空間，其運作和管理都必然會受到客觀環境的限制，無法如一般傳統神聖空間般，展示慣常的宗教建築形態和原型。因此，他認為相關的宗教羣體為著配合這種新的神聖空間形態，而採用的神聖空間詩學，作為「日常戰術」的一部分，也值得我們深思。而瓊斯從這個研究個案中更發現，上述的轉移和挪用世俗空間作為臨時或權宜的神聖空間，帶來的現實是神聖和世俗空間的分野會變得更加模糊，強化了彼此間的互通和滲透性，甚至會造成相對傳統觀念上較凌亂的神聖觀感。[64]

同樣的，另一個探究在新加坡公共房屋單位內經營的華人廟宇和神壇的研究，也展示了神聖如何滲入日常的世俗城市空間，並模糊了傳統的神聖觀感和神聖世俗的界線。這研究記錄了在新加坡高度監管和系統化的土地規劃下，華人廟宇和神壇仍然能以各種鑽空子的「日常戰術」，挪用指定作公共房屋用途的空間，作為其權宜的神聖空間。這個案更記錄了為配合這些在公共房屋內的神聖廟宇，而衍生出來的另類神聖空間詩學。因此，這研究特別提點了有關宗教羣體的創造性、想像力和象徵性的行動，通過其宗教儀式及標記，營造神聖氛圍，暫時區分及復魅平常的城市生活空間，以作為暫時的宗教活動的神聖空間。部分這些宗教羣體甚至會利用網絡空間和數碼技術，來突破其狹小空間的限制，儘量外展其宗教活動至更遠更大的空間。[65]

另外，也有研究以意大利帕多瓦（Padua）當地的菲律賓移民每年舉辦一次的發現聖十字架大型宗教巡遊為例子，探究在全球移民潮下，少數族裔在異地如何轉移和挪用城市空間，作為宗教用途的經驗。無疑，這些移居到帕多瓦的菲律

64 Rhys D. Jones, "The Makeshift and the Contingent: Lefebvre and the Production of Precarious Sacred Space," *Environment and Planning D: Society and Space* 37.1 (2019): 178～179, 181～184.

65 Shawn Goh Ze Song, "Making Space for the Gods: Ethnographic Observations of Chinese House Temples in Singapore," *Religions* 11(7):349 (2020): 1～2.

賓移民必然是當地的極少數羣體，大概整年在意大利的公共城市空間都是隱而不多見。然而，他們每年的宗教巡遊就是臨時且合法佔據和挪用帕多瓦的城市公共空間和街道，成為當地菲律賓移民臨時搭建的宗教神聖空間。這研究發現這空間挪用是從小規模的遊行開始，漸漸發展到大規模和佔據重要街道的大巡遊，確實是一個漫長的和經年漸進的過程。而今，雖然這只是菲律賓移民每年臨時搭建一次性的生活出來的神聖空間，卻對他們具有重要的宗教意義和獨特的社會功能。至少每年一次，這菲律賓移民的臨時宗教空間既提升了他們在當地社會的能見度，也闡述了他們期盼得到當地社會更大認同的訴求。更重要的是，這是臨時佔據挪用城市空間的範例。它不僅僅是帕多瓦當地菲律賓移民進行宗教儀式的臨時神聖空間，同時也是暫時超越他們在社會的低層地位和勞碌日常生活，短暫借來的生活出來的空間，既在精神上觸動心靈和激發希望，也在實際生活上凝聚社羣的認同和歸屬感。[66]

十、香港教會的空間分佈

本文的最後一部分是以列斐伏爾的空間生產三元論為空

66 Chantal Saint-Blancat and Adriano Cancellieri, " From Invisibility to Visibility? The Appropriation of Public Space through a Religious Ritual: The Filipino Procession of Santacruzan in Padua, Italy, " *Social and Cultural Geography* 15.6 (2014): 647～656.

間分析工具，展示香港教會在不同歷史時期的空間佈局，期能藉此透視香港教會發展進程中所要面對的競爭性城市空間環境，以及香港教會應對這大環境背後力量和意識形態的「日常戰術」。筆者所指的香港教會，涵蓋基督教和天主教的教會，包括獨立建築（free standing）的教會和附屬於建築物和機構內的中小型教會。筆者的分析會盡力植根於當時特定的社會政經環境和歷史事實，並確保沒有規範性的價值觀或判斷。筆者會先分析香港維多利亞時期的早期教會空間分佈。

早期教會的空間分佈

於 1849 年落成的聖約翰座堂是香港第一座教堂，至今仍然是積極活躍地傳道服事的教會。由於其悠久的歷史和重要的建築價值，這座堂現已成為香港的法定古蹟。而這座非常獨特的教堂建築，經歷了悠長的香港歷史時空，已經完全融入現今的城市肌理，且位處於香港地理優越的核心商業區（CBD），由落成至今都富象徵性意義，也是香港城市意象的重要元素。

香港所有土地的擁有權，都是有指定期限的租賃土地。然而，有別於香港其他土地，聖約翰座堂所處的，是香港惟一由當時殖民地政府於 1847 年授予沒有指定時間限制，幾近是永久業權的土地。因此，只要該土地維持作教堂用途，實際上土地權是永久的。另外，聖約翰座堂也有特別的法律地位。聖約翰座堂被指定為香港島維多利亞教堂的法律地位和權力，最早源自 1847 年第 2 號條例；[67] 而後來 1850 年第 3 號條例，更將這座殖民地教堂提升為維多利亞座堂。[68] 隨後，《1899 年聖約翰座堂條例》(1899 年第 5 號) 亦明確指出，該座堂是會以私人認捐及公帑在皇家土地上共同興建。該條例的第 6 條款更清晰規定：(1) 座堂會一直由所屬教會擁有，除非該土地在未經政府許可下改變作其他用途；(2) 座堂應該用於按英國聖公會一般儀式和聖禮舉行的崇拜和宗教服務。[69] 今天，現行的《英語聖公會信託條例》(第 1014 章) 仍然確認聖約翰座堂的土地是永久業權，規定作宗教教堂用途，而該業權則歸屬該座堂的受託人所擁有。[70]

我們追溯聖約翰座堂的悠久歷史時，不難看到在成立時和早期發展階段，都與當時香港殖民政府和英國的政治環境

67 "Ordinance No. 2 of 1847" [Historical Laws of Hong Kong Online]; available from the The University of Hong Kong Libraries website (https://oelawhk.lib.hku.hk/archive/files/4fee77029be3f1e56859a4ac770bae1f.pdf); accessed 29 January, 2022.

68 "Ordinance No. 3 of 1850" [Historical Laws of Hong Kong Online]; available from The University of Hong Kong Libraries website (https://oelawhk.lib.hku.hk/archive/files/b3de2646d3173b08fa3d727820ebb1f0.pdf); accessed 29 January, 2022.

69 "Saint John's Cathedral Church Ordinance, 1899" [Historical Laws of Hong Kong Online]; available from The University of Hong Kong Libraries website (https://oelawhk.lib.hku.hk/items/show/900); accessed 29 January, 2022.

70 "Cap.1014 Church of England Trust Ordinance" [Hong Kong e-Legislation]; available from the official database of Hong Kong legislation (https://www.elegislation.gov.hk/hk/cap1014); accessed 29 January, 2022.

和意識形態，有著密切的關係。胡寬德(Stuart Wolfendale)在他的聖約翰座堂歷史研究中，記錄了這段歷史。他指出，這座堂成立的主要目的，是要成為一座殖民地教堂，而服事的對象是當時在殖民地的英國人，當然主要是英國聖公會信徒，偶爾也包括其他宗派的外國人和極少數的當地華人信徒。事實上，當時英國朝野也有強烈的呼聲，為著宣示英國作為宗主國的權勢，主張英國聖公會應該並駕齊驅，彰顯當時擴展中的大英帝國，要成為更積極向各殖民地(包括香港)傳教的教會，而不應完全依賴或甚至放手予其他宣教組織。胡寬德指出，1849 年的《英皇制誥》首次委任香港主教，管轄由香港島延伸到日本的教區，是標誌著香港殖民地教區從那個時刻起，承擔了一個新的角色，要配合及抓住大英帝國向外擴展的權勢，拓展教會的發展。[71] 因此，英國聖公會在當時香港殖民地的傳教服務，自然會立於非常有利的位置，甚至可以說，這使命在某種程度上是會得到國家政策的祝福。聖約翰座堂能擁有惟一永久業權的土地，大概就是政府給予的明顯特權和眷顧。因為，這永久土地業權固然從來都不適用於其他世俗用途的土地，但也不適用於同樣

71 Stuart Wolfendale, *Imperial to International: A History of St John's Cathedral, Hong Kong* (Hong Kong: Hong Kong University Press, 2013), 35～37. 胡寬德也指出當時英國國內對於這次任務是有不同的看法。此外，該《英皇制誥》亦於 1873 年被撤銷。有關的詳細資料，請參閱書本的第 81 至 82 頁。

性質的其他香港教堂發展。我們可以從空間生產三元論去推論，聖約翰座堂的構建既然是符合當時香港殖民地政府的構想空間的意圖及秩序，特別是要透過這構想空間的秩序去表徵宗主國的權勢，那麼當時的政府在其土地政策上給予特別的實質支持，也變得順理成章。

上述的分析結果可能引人深思，但筆者同時亦意識到，機械地應用列斐伏爾的空間生產三元論於一個獨特的教堂案例，可能導致偏頗的分析結果。因此，筆者會繼而嘗試以空間生產三元論為分析工具，分析香港殖民地於維多利亞時期的早期眾多教會的空間分佈，期既能藉此再檢視聖約翰座堂的構建是當時構想空間的元素，也能從更廣闊的脈絡，更準確及深入地理解當時香港的教會發展進程。此外，筆者亦會援引另一相類研究的結果，指出香港維多利亞時期基本上是奉行以貿易為主導的空間實踐，並且導致兩個截然不同和基本互不往來的社區出現：(1)外籍僑民、商人和生意人，且基本上排斥華人的外國人社區；以及(2)局限在維多利亞城西部，由上環延伸至西區的華人社區。[72]

依循上述的思維，筆者以下面的表 3.1，整理了在香港

72 Mee Kam Ng, Wing Shing Tang, Joanna Lee and Darwin Leung, "Spatial Practice, and Lived Space: Hong Kong's 'Piers Saga' through the Lefebvrian Lens," *Planning Perspectives* 25.4 (2010): 415～416.

維多利亞時期主要獨立建築的天主教和基督教教堂的數據，並且概括地闡述了這些早期教會散佈在當時稱為維多利亞城的空間分佈。

表 3.1：香港早期教會的空間分佈 [73]

教堂 / 座堂	地址	成立年份	備註
1. 聖母無原罪主教座堂	中環威靈頓街	1843	為葡萄牙教區居民服務
2. 聖方濟各小堂	灣仔 （後來的聖母聖衣堂）	1845	服務來自中國內地的華人教友
3. 聖約翰座堂	中環花園道	1849	第一間英國聖公會教堂服事英國人信徒
4. 崇真會救恩堂	西營盤第三街	1852	瑞士巴色會（崇真會）
5. 聖士提反堂	荷里活道 （1880 年遷至般咸道）	1865	第一間服事華人的聖公會教堂
6. 聖若瑟堂	中環花園道	1871	服事當時於金鐘軍營的英軍
7 中華基督教會合一堂	西環般咸道	1926	倫敦傳道會
8. 中華基督教會公理會	太平山階梯街	1901	美國公理宗教會
9. 香港浸信會	半山堅道	1901	美國美南浸信會
10. 禮賢會香港堂	西環般咸道	1914	德國禮賢會

73 筆者根據以下的資料整合出表 3.1 的早期教會空間分佈。邢福增：〈時代景觀：十架維城〉〔網上短片〕；取自YouTube Video（https://www.youtube.com/watch?v=lHelDWZezU4）；下載於 2021 年 12 月 28 日；葉鈞頌、鄧永成：〈灣仔進教圍的空間故事：香港城市發展軌跡中的天主教城市社區〉，《天主教研究學報》第七期（2017），頁 155～177。

在解讀表 3.1 所揭示的教堂空間分佈前，有必要先再進一步闡述當時維多利亞城那兩個幾近相互隔離的外國人和華人社區。回顧歷史，早於 1840 年代，香港殖民政府已經在中環和金鐘一帶建立一個政府行政中心，集中主要的政府機構及相關設施，以便提高管治效率。這行政中心除了包括總督府、政府辦公室、法院等行政機關外，還要有一座教堂（在當時的社會環境，這是毫不奇怪的）。隨後，政府為著有效地管理城市，控制人口和就業分佈，把維多利亞城劃分成不同分區：1857 年，維多利亞城已經被劃分為七個區；到 1920 年代更擴展至十個區。依據政府的分區規定，華人社區主要指定在香港島的西部，尤其是大平山街、上環、中環和西營盤。更甚的是，當時的政府不鼓勵外國人聚居在這些華人為主的社區。政府於 1888 年更以衞生需要為立法藉口，禁止華人居住在那些指定給外國人聚居的中上環半山區。[74] 因此，筆者認為當時香港維多利亞城的空間規劃理念和秩序，固然是看重城市功能和管治效率，但似乎更重要的是，要強化殖民管治者的地位、權力和意識形態。簡單來說，當時香港殖民政府的構想空間，既是出於要達致有效管治的實際需要，同時也是象徵性地宣示英國作為宗主國的特權。

---

74 何佩然：《城傳立新：香港城市發展史 1841 ～ 2015》（香港：中華書局，2016），頁 5～7、39～41、49～51。

回到解讀表 3.1 所展示的教堂空間分佈情況。首先，從這早期教會的空間分佈，我們更清晰地看到聖約翰座堂的顯赫獨特地位。相對於所有其他同時期的教堂，聖約翰座堂是第一座能夠建立在當時殖民地政府行政中心區內的黃金地段花園道的教堂，並且如上文已經提及的，其土地業權更是永久的。如果我們明白當時英國聖公會自覺要抓緊大英帝國向外拓展殖民地的權勢，積極向海外傳教拓展教區，就不難理解聖約翰座堂必然會是當時香港殖民地政府的構想空間和秩序的一個重要部分。那麼一來，聖約翰座堂坐落於政府行政中心區，在殖民地政府的城市規劃理念和政策中，就變得合情合理，因為既具有實際功能的需要，更具象徵性宣示主權意義。事實上，胡寬德在整理聖約翰座堂的歷史時，亦強調了其作為殖民地禮儀教堂的重要角色，而這角色要直到殖民地結束後才顯著改變了。[75]

其次，表 3.1 顯示大部分其他教堂都分佈在當時香港殖民地政府指定給華人聚居的維多利亞城西部，遠離政府的行政中心。具體而言，崇真會救恩堂（1852 年）、聖士提反堂（1865 年）及禮賢會香港堂（1914 年）均位於上環區；聖母無原罪主教座堂（1843 年）、中華基督教會合一堂（1926 年）及中華基督教會公理會（1901 年）坐落於上環及太平山

75 Wolfendale, *Imperial to International*, 216.

街地區；而聖方濟各小堂（1845 年）則在灣仔。當中四間教堂是歐洲或美國傳教士背景的教會；兩間是天主教教堂；一間是英國聖公會教堂。它們（包括聖公會聖士提反堂）全都明顯是為華人社區服務。直至第一座天主教教堂成立接近三十年後，天主教聖若瑟堂（1871 年）才在靠近聖約翰座堂（1849 年）的花園道上，獲得土地建堂。然而，當時的聖若瑟教堂是為駐紮在金鐘軍營的英軍服務，因此有理由相信，這是獲得這樣一個黃金地段的原因。綜合上述的分析，筆者認為基於當時的政經現實環境，這些天主教和歐美傳教組織的教堂，都只能服膺於當時殖民地政府的空間規劃政策和秩序，並不可能享有與英國教會相同的特權地位和政策眷顧。

再者，香港維多利亞時代的早期教會，無論是出於自覺或是無奈的，都依循了當時殖民地政府為著強化其管治和執政意識形態，所規劃和推動的空間秩序，包括其刻意在城市空間分割出幾近排外的外籍人士社區和華人社區。其實如前文所述，諾特早已指出，我們生活在現實的空間環境，是無可避免地遇到、並要服膺於其所處的主導空間秩序，及遵從緊跟相應在生活層面的空間實踐。因此，諾特甚至認為宗教要在競爭性的城市空間中出現、存在和有所作為，就無可避免要涉及神聖和世俗空間在土地資源上的競爭。她更視參與這背後的空間博弈和競爭，只是達致成為城市獨特的神聖空間的目的，而所需要採用的手段。畢竟，空間是憑藉宗教儀式及宗教空間實踐來區分和標記其神聖屬性，然後透過這神聖空間來展示及催化其宗教信念下的生活願景和希望，帶動在城市中的真正豐盛生活。[76] 事實上，諾特更引用了列斐伏爾的原話去強調這一重點：

> 任何意念、闡述或價值觀，若未能成功地在城市空間上留下它們的印記，以及能夠以適切的形態出現和存在，最終這一切都將會失去其音調而變成純粹的符號，且分解為抽象的描述，甚至變異成為幻想。[77]

明顯的，這段香港早期教會的空間分佈歷史引證了諾特的論點。

當然，以上的已經是世紀前的歷史，現今香港已經發展成為一個人口眾多的高密度緊湊型亞洲國際都會。而上述這些早期教會都在不同程度上融入當今香港的城市肌理，並且仍然在今天的香港繼續存在和服務。但更重要的是，教會仍然是其所處的社區中可看得見的獨特神聖空間和聖禮符號。當然，教會的宗教空間實踐肯定會隨著時間的洪流而

---

76 Knott, "Spatial Theory and Method for the Study of Religion," 8; Knott, *The Location of Religion*, 50～51, 54.

77 Knott, *The Location of Religion*, 51; Lefebvre, *The Production of Space*, 416～417.

有所演變，但仍然維持其作為「出發點」的空間本質，繼續在所處的社區闡述和踐行世紀前已經開展的宗教信仰、願景和價值觀的生活空間體驗。事實上，教會全都適切地回應了當今香港社會截然不同的政經環境，積極面向一個華人主導，但同時是多元文化、多樣化和包容共融的社會。當中，聖約翰座堂經歷了一百七十多年的成長歷史，經歷了擺脱原先表徵大英帝國的形象、漸漸轉向國際化、減少殖民地色彩，最後走到現今作為中國一個城市的聖公會英語教堂的定位，更是一個明顯的例子。現今，這令人印象深刻的歷史建築座堂，屹立於香港的核心商業區，已經是香港重要的城市意象。更重要的是，現今這座堂作為一個城市的獨特神聖空間，也是一個向所有人開放的宗教共享空間，而不再是世紀前那只是外籍經商過客的宗教庇護所。[78]

當今教會的空間分佈

繼上文針對特定歷史片段的空間分析，筆者接下來會以列斐伏爾的空間生產三元論來探究今天香港教會的空間分佈。今日的香港既是一個人口眾多的高密度緊湊型城市，然而適宜發展的土地資源卻相對地匱乏。在土地資源不足

78 Wolfendale, *Imperial to International*, 275, 277, 282.

下要持續發展，提升市民的生活質素和福祉，以及維持香港的經濟增長和繁榮，在發展過程中，不同土地用途之間的競爭和衝突自然是非常激烈。在這大環境下，今日香港教會的發展，必然面對一個強大競爭性的城市空間環境。因此，筆者認為通過列斐伏爾的視野去分析香港教會的空間分佈，將具有啟發性地展示教會所面對的壓力和挑戰，並且期望能發現它們所採用的本土智慧「日常戰術」。然而，與上文分析早期教會不同，分析現今的香港教會分佈，需要考慮到今天香港城市發展的形態是高密度、向高空多層發展，以及傾向混合土地用途的。所以，筆者以下的分析會兼顧今天香港城市空間的垂直空間維度。更確切地說，以下的空間分佈分析範圍，會涵蓋那些附屬於建築物和機構內的教會，而不僅僅是那些獨立建築的教堂。

依循上述的研究範圍及方法，筆者根據 2019 年香港教會普查的數據，整理出下面的表 3.2，概括地闡述現今香港基督教教會的空間分佈情況。

表 3.2 顯示在今天的香港城市空間，那 168 間獨立建築的基督教教堂是幸福的少羣（只佔 12.9%）。而其他 1,117 間基督教教會都是選址在商業、住宅、工貿樓宇內或教育社福設施內（佔 85.4%）。當中，超過一半（693 間）是坐落於商業、住宅、工業或工貿樓宇內，被稱為「樓上教會」（佔 53%）；而另外約四份一（322 間），是在基督教辦學團體所

表 3.2：2019 年香港基督教教會（崇拜場地）的空間分佈 [79]

教會（崇拜場地）	數目	百分比
1. 獨立教堂	168	12.9%
2. 坐落於：		
(a) 商業樓宇內	301	23%
(b) 住宅和商/住 (C/R) 樓宇內	377	28.8%
(c) 學校內	322	24.6%
(d) 社會福利設施內	102	7.8%
(e) 工業或工/貿 (I/O) 樓宇內	15	1.2%
3. 其他	22	1.7%
總數：	**1307**	**100%**

經營的政府資助學校內運作的「學校教會」（佔 24.6%）。要留意的是，香港天主教的 99 個教堂或宗教場地中，也有 47 間同樣的「學校教會」，在天主教背景的政府資助學校內運作(佔天主教教堂、禮拜堂和禮堂的 47.5%)。[80] 那麼，這「樓上教會」和「學校教會」現象的背後因由是甚麼呢？

現今香港政府所構想的空間秩序，反映在其規劃和土地政策上，主要是為了達致最有效益的經濟回報和效率，並且

79 胡志偉、劉梓濠編註：《2019 香港教會普查簡報》(香港：香港教會更新運動，2020)，頁 20。該普查沒有天主教教堂的數據。根據 2019 年的調查數據，基督教會在空間上分佈於全港 18 區，其中以油尖旺區、深水埗區和觀塘區最為集中。同樣，天主教教堂在香港的空間分佈也很廣泛，港島有 14 個堂區，九龍有 21 個，新界有 17 個。事實上，天主教教堂大都是獨立的宗教建築場所，請參閱天主教香港教區網頁的統計數據(https://catholic.org.hk/en/statistics-of-the-diocese-of-hong-kong/)；瀏覽於 2022 年 1 月 14 日。

80 筆者是根據天主教香港教區網頁的數據(https://catholic.org.hk/en)；瀏覽於 2022 年 1 月 14 日。

要維持和促進香港作為宜居、具競爭力和可持續發展的「亞洲國際都會」。[81] 此外，面對土地匱乏的現實限制，香港所有土地使用者之間必然面對激烈的競爭。而純粹用作教堂發展的土地，一般情況下都不符合現行香港政府土地政策的資源分配和優先考慮範圍內，因為一般的宗教活動都不能帶來社會上所期望的直接、即時和有形的經濟利益。正如前文所提及，這大概也就是諾特所指控的，現代城市規劃和發展的大方向是傾向世俗的價值觀和看重有形的經濟利益，而忽視宗教對社會的潛在無形貢獻。事實上，在香港的城市規劃和發展過程中，政府不會特別預留或指定土地，用作純粹宗教和教堂用途。政府的法定規劃圖則也沒有指定作宗教或教會發展的土地用途地帶；而宗教服務只是被歸類為政府、機構或社區（G/IC）用地，提供各種社區服務及福利設施的一種。

有關的宗教組織要是有意興建獨立的教堂建築，通常都要在符合規劃及土地政策下自行物色合適的土地，然後尋求香港政府的政策支持在該土地上的教堂發展。如果該教堂發展得到政府的政策支持，那麼有關的宗教組織便可用優惠

81 Yiu-wai Stephen Chu, "Brand Hong Kong: Asia's World City as Method?" *Visual Anthology* 24 (2011): 47～50; Development Bureau and Planning Department, *Hong Kong 2030+: Towards a Planning Vision and Strategy Transcending 2030* (October 2016), 20～21. 現今已經從過去提倡「增長、效率和繁榮」，轉向強調「宜居、具競爭力和可持續」的發展。

地價購買該土地用作教會發展，又或以優惠的補地價價錢改變該土地的原有用途，改作為教會用途。[82] 只有設置於社會福利用途的綜合樓宇內，而面積又合宜的教堂，政府才會考慮免除該部分教堂用途所需的地價。[83] 這優惠的土地政策適用於香港的所有的不同宗教，因此理論上，不同的宗教除了與其他世俗土地使用者競爭外，也可能要涉及不同宗教彼此之間的潛在競爭。但不言而喻，縱然這已是優惠政策，但在香港的高昂地價政策下，興建獨立教堂所需要的地價仍然是非常高昂，對大多數基督教教會而言，勢必仍然會有很大的財政障礙。

總的來說，基督教教會要興建獨立建築的教堂，高昂的地價加上不菲的建築費用，幾乎是不可逾越的財務障礙。所以，筆者提出那「樓上教會」現象是展示了基督教教會突破政府所主導的空間秩序，抗衡其相關規劃和土地政策的「日常戰術」。「樓上教會」的形象縱然有別於傳統教會，卻

---

82 "LCQ16: Government support for religious groups" [information on-line]; Press Release on 27 June, 2012; avaiable from the Hong Kong Government website (https://www.info.gov.hk/gia/general/201206/27/P201206270407.htm); accessed 29 January, 2022; "LCQ14: Land for construction of religious facilities" [information on-line]; Press Release on 9 November, 2011; available from the Hong Kong Government website (https://www.info.gov.hk/gia/general/201111/09/P201111090168.htm); accessed 29 January, 2022.

83 〈通過教會及牧師住宅用地新政策〉，《基督教週報》，第 889 期，1981 年 9 月 6 日，頁 1；邢福增：《變局下的徘徊：從戰後到後九七香港教會社關史論》（香港：印象文字，2018），頁 37～38。

是本土教會在高密度、向高空發展和極具競爭性的香港城市空間中，掙扎求存的適切及權宜教會建築形態。這也是列斐伏爾所指的轉移用途概念：基督教教會轉移原意是指定用作住宅、商業或其他用途的構想空間中的一般城市生活空間，改作為宗教用途的神聖空間。而依據諾特的概念，這刻意轉移和改變一般的城市生活空間作為宗教場地的宗教行為，本質也可視為宗教空間實踐的本土情境化。從數據上來看，這空間轉移的「日常戰術」顯然是促進基督教教會能廣泛的分佈在香港各區的有效方法。今天超過一半的香港基督教教會是「樓上教會」(佔 53%)，而且接近一半基督教教會都能在自置物業中運作(佔 49%)。因此，筆者認為這相當高的教會自置物業比例，可以顯示「樓上教會」這另類教會建築形態，也是經濟上可行的本土化宗教空間實踐，且能有效地抗衡香港的主導空間秩序和支配，從而在極具競爭性的城市空間中找到合宜存在的空間定位。[84]

當然，傳統的教堂建築和空間設計不再能適用於「樓上教會」這新的教會形態。這自然衍生了另一套新的本土化宗教實踐，以配合這「樓上教會」的發展需要。這「樓上教會」催生了新的建築語言，既要能配合本土「樓上教會」的獨特設計需要，也要儘量符合那些已經廣為認受的教堂建築

84 胡志偉、劉梓濠編註：《2019 香港教會普查簡報》，頁 20～21。

設計語言，特別是那些具宗教信念和象徵意義的傳統。首先，「樓上教會」的建築設計重點必須要轉移到室內，因為其所坐落的建築物外觀和立面都不歸屬其管控。此外，基於空間狹小的限制，一般的室內空間設計和規劃都要強調簡單、靈活、多用途和多樣化，但同時仍要盡可能營造教堂的神聖空間氛圍。[85] 現今香港大部分基督教會都是以中小型為主，100 人以下的教會佔 44%，而 100 至 200 人的比例為 30.7%，這某程度上也是「樓上教會」的建築形態和空間限制下使用的理想運作規模，[86] 因為，這樣的中小型教會是合宜的規模，能夠坐落在香港大多數的建築物內。

接下來，「學校教會」現象又顯示了甚麼？根據表 3.2 及天主教香港教區的數據顯示，現在有 322 間基督教「學校教會」（佔基督教教會的 24.6%）和 47 間天主教「學校教會」（佔天主教教堂的 47.5%），分別在由基督教和天主教教會興辦的政府資助學校校舍內運作。事實上，早於 1970 年代，基督教和天主教教會與香港政府建立了合作夥伴關係，取得足夠的資源，一直持續及積極地在香港辦學，服務社會。一方面，這些基督教和天主教辦學團體當然會按照政府的教育

---

85 吳振義：〈「二樓教會」崇拜空間設計的神學反思：以基督教潮人生命堂為研究個案（2011 年 9 月 21 日）〉（第五屆週年牧養研討會 2011〔網上資料〕）；取自香港中文大學崇基學院神學院網站（https://www.cuhk.edu.hk/theology/pastoral/pc2011/pastor%20Ng%20Chun%20Yee.pdf）；瀏覽於 2022 年 1 月 29 日。

86 胡志偉、劉梓濠編註：《2019 香港教會普查簡報》，頁 20～21。

標準和要求，為社會提供優質的教育服務。另一方面，這些宗教團體也會向學生宣揚和培養其基於信仰的教育理念、願景及價值觀。此外，這些學校的禮堂和設施在周末及假期無須用作教學用途時，亦會變身為「學校教會」向其所處的社區開放，用作臨時或權宜的教會崇拜或彌撒場地和舉辦相關的宗教活動。在地價高昂和競爭激烈的香港城市空間環境，這些為數不少、伴隨著政府學校發展而散佈全港的「學校教會」，無疑是擴展香港教會到各區的另一重要力量。數據顯示，全港這類的「學校教會」從 2014 至 2019 年由 303 間增加到 322 間，這短短五年的增長率可達約 6%。[87]

回顧歷史，在 1981 年前，上述使用學校禮堂及設施作教會崇拜或彌撒場地和相關宗教用途的做法，宗教辦學團體和政府都對其合法性保持沉默，儘管彼此在這種做法上可能有某種程度的相互理解和默契。直到 1981 年，宗教界才能與當時的政府協商成功，自此這相互理解和默契的做法，成為政府的政策而合理化了。[88] 遵循列斐伏爾的理論框架，這「學校教會」是宗教團體的空間實踐，挪用學校為臨時的宗教空間「出發點」，向學生及社區倡導其基於信仰的願景、希望和價值觀的另類宗教生活空間體驗。在 1981 年之前，

87 胡志偉、劉梓濠編註：《2019 香港教會普查簡報》，頁 20～21。
88 〈通過教會及牧師住宅用地新政策〉，頁 1；邢福增：《變局下的徘徊》，頁 37～38。

天主教和基督教辦學團體這種「學校教會」行為，可以理解為挪用政府原意指定並資助作教育用途的學校空間，權宜的在假日用作臨時宗教用途的「日常戰術」。直至 1981 年，這挪用學校空間作假日「學校教會」的空間實踐，最終獲得政府的政策明確支持而合法。記得上文引述了諾特的觀察，生活在現實的空間環境，固然要服膺於其所處的主導空間秩序和呈現在生活層面的空間實踐，然而，作為補充諾特的看法，這「學校教會」的實例經驗，也展示了空間的各個形態之間為著社會共同益處而互惠配搭的可能性。

話雖如此，這宗教團體與政府的夥伴關係並不總是長期融洽的，儘管彼此都會聲稱是為社會的共同利益而服務。其中一個例子，是宗教辦學團體與政府在 2010 年推行新的校本管理政策和機制時的紛爭。當時，政府聲稱這新的學校管理政策和機制更能促進現代優質教育的學校環境，提高教育水準、效率、質量和問責。然而，宗教辦學團體卻擔心學校辦學的自主權會被削弱，導致學校環境不利於他們有效和切實地向學生宣揚其宗教願景、希望和價值觀的教育理念。[89] 從列斐伏爾的視野，可以看到香港的構想空間所表徵的秩序和意識形態，與宗教團體要倡導的另類生活實踐和價

89 Junxi Qian and Lily Kong, "When Secular Universalism Meets Pluralism: Religious Schools and the Politics of School-Based Management in Hong Kong," *Annals of the American Association of Geographers* 108.3 (2018): 794～810.

值觀之間的內在張力。也許在香港充滿競爭性的城市空間環境，這內在衝突是無可避免的，遇到具體事件便會浮現出來，尤其是在社會政經背景急遽變化的時候。

十一、開放的宗教研究進路

作為結語，筆者會藉著本文的探究經驗，總結一下列斐伏爾的空間生產三元論作為空間方析工具的機遇和限制。事實上，諾特已經提出了類似的方法論問題：究極她所提倡的空間分析進路，其「世俗知識取向」(secular intellectual orientation)的闡釋框架，是否會在宗教研究進程中帶來「完全遮蔽宗教」(mask religion altogether)或只是「重複世俗人文思想」(reproduce secular humanist ideas)的風險？諾特謹慎回應了自己的問題，她既承認這種「完全遮蔽宗教」的可能性，但同時相信空間生產三元論有足夠的開放性，可以為宗教研究騰出空間(sufficiently open to make room for the religions)。[90] 當然，筆者同意諾特的觀點，但要補充說明的是，以空間分析進行宗教研究時，關鍵重點是要理解神聖空間與其他空間不同，要識別其在城市空間的獨特屬性，特別是向外無限延伸的空間出發點，是懷著抱負要在城市空間中

---

90 Knott, *The Location of Religion*, 91.

盡力闡述、促進及擴展其宗教信念和價值觀，儘管一般來說，這些神聖空間仍是要服膺在城市背後的運作邏輯和力量。本文就是這樣的一個嘗試，以空間分析去理解在特定的社會政經環境下香港教會的空間分佈和發展歷程，而不會忽略潛藏背後的社會政經動力和意識形態。因此，筆者認為這可以是更深入、廣泛和全面探究香港教會發展進程的有效研究進路。

最後，這空間分析方法引導我們，在動態的現實空間環境下，去理解神聖空間的生產和運作，本質上是聚焦空間政治的進路。然而，筆者要強調這聚焦神聖空間政治的研究進路，也應該能兼顧甚至促進我們理解神聖空間詩學和神聖空間政治的相互聯繫。以本文為例，要較全面理解這「樓上教會」現象時，不單要探究背後的空間政治，也得兼顧神聖空間詩學範疇的本土化新的教會建築語言。當然，這只是初步的探究，值得未來在這方面作更深入和詳細的研究。此外，鑑於上述宗教辦學團體與政府之間的運作張力，如何更平衡地彰顯或隱蔽這些「學校教會」的宗教空間實踐，也是值得更深入和詳細研究的。

（本文轉載自《建道學刊》第六十期〔2023 年 7 月〕，頁 163 ～ 204，已獲建道神學院授權轉載。）

III

在城市

第 4 章

從空間批判進路研讀巴別塔敘事（創十一 1～9）：批判表徵人權力和傲慢的城市發展[1]

一、空間批判進路

有說法認為，從空間批判進路（spatial-critical or critical spatiality approach）研讀聖經，可讓古老的聖經以嶄新的方式說話，並且可與現代人對話。[2] 空間批判進路強調空間是「一個具解釋性的範疇」，是「一個概念」，藉此結合許多其他的學科知識來研讀聖經。[3] 其方法傾向引用人文和社會科學的知識，特別是空間理論，從法律、政治、經濟、生態、視覺等角度作廣泛的跨學科探索，藉此得出新的觀察和見

1 原文刊登於《山道期刊》卷二十五第二期（總第五十期）（2022 年 12 月），頁 133～153。

2 Jorunn Økland, J. Cornelis de Vos, and Karen J. Wenell, eds., *Constructions of Space III: Biblical Spatiality and the Sacred* (London: Bloomsbury T&T Clark, 2015), xvii.

3 Halvor Moxnes, " Landscape and Spatiality: Placing Jesus, " in *Understanding the Social World of the New Testament*, ed. Dietmar Neufeld and Richard E. DeMaris (London: Routledge, 2010), 95.

解，以回應現代人的處境。[4] 甚至有學者視空間批判方法是適時的發展，以抵抗聖經研究界普遍對時間向度的痴迷。[5] 因此，有認為從空間批判進路研讀聖經是現代人面對其身處的世界所作出的本能反應，期望藉此提出新的問題，並找出突破固有觀念的答案。也有認為將空間理論應用在聖經研究這方法已獲肯定，並朝著新的趨勢發展，就是更多對聖經文本進行空間批判的分析。[6]

斯特勞恩（Brent A. Strawn）指出，創世記十一章 1 至 9 節的巴別塔敘事，缺乏事件序列必要的細節及連貫性，較難從中構建完整的事序，並且完全不清楚究竟出了甚麼問題，導致神要禁止天下人完成巴別塔及相關的一座城市。[7] 然而，我們通常被教導著眼於那座摩天的巴別塔，把這座高塔解讀為可見的空間符號，既代表人追求大規模的發展，且表徵人的自傲和野心，最終引致神對人的審判及懲罰。甚至有說法認為，人有多樣性語言是神對人犯罪的審判，就像女

4 Stephen C. Russell, *Space, Land, Territory, and the Study of the Bible* (Leiden: Brill, 2017), 45～46.

5 Harry O. Maier, "Soja's Thirdspace, Foucault's Heterotopia and de Certeau's Practice: Time-Space and Social Geography in Emergent Christianity," *Historical Social Research* 38.3 (2013): 77.

6 Ian D. Wilson, "Spatial Frontiers," *Hebrew Studies* 59 (2018): 361, 366.

7 Brent A. Strawn, "Holes in the Tower of Babel" [document on-line]; available from Oxford Biblical Studies Online website (https://global.oup.com/obso/focus/focus_on_towerbabel/); accessed 25 April, 2022.

性須受分娩的痛楚和人要辛勞耕作一樣。[8] 既受空間批判進路的啟發，筆者就嘗試採用這個進路研讀巴別塔敘事，專注文本中呈現的空間元素、空間宇宙觀及社會空間，期望以新的角度重新審視並探索這段經文，為我們當下的處境帶來新的啟迪。

二、全能空間

我們先看看姜振帥（Jiang Zhenshuai）怎樣以空間批判解讀巴別塔敘事。姜振帥的解讀是從「物理空間、概念空間、符號空間的角度」出發，檢視文本中各參與者在位處的空間環境互動所產生的動態空間關係及空間張力。[9] 這空間環境也可以從「神的空間、人的空間、自然空間」（God's space, humanity's space and natural space）的概念來理解。這相同的空間概念也呈現於之前神與亞當和夏娃在伊甸園的敘事（創二～三章），以及神與挪亞在洪水席捲全地的敘事（創六～九章）。因此，姜振帥強調創世記二至三章、六至

8 James D. G. Dunn and John W. Rogerson, eds., *Eerdmans Commentary on the Bible* (Grand Rapids: Eerdmans, 2003), 46～47.

9 Zhenshuai Jiang, *Critical Spatiality in Genesis 1 ～ 11* (Ph.D. dissertation, University of Zurich, 2015), 247, 249, 252 [dissertation on-line]; available from Zurich Open Repository and Archive website (https://www.zora.uzh.ch/id/eprint/204526/1/20162854.pdf); accessed 20 April, 2022.

九章、十一章 1 至 9 節都是有關創世的考源敘事(etiological narratives),具有各自的敘事情景及特徵,但所呈現的宇宙空間性(cosmic spatiality)卻是連貫的,三段敘事該視為一個集成單元,是圍繞「人在神創造的世界」這主題下所闡述的不同課題。[10]

姜振帥認為,伊甸園敘事描述降雨在地(創二 5)及挪亞洪水敘事提及空中的飛鳥(六 7,七 23),兩者都隱約地展示了物理空間的垂直空間維度。巴別塔敘事則更清晰地顯示了這立體的宇宙空間性:神在垂直空間維度的高處;而人在水平空間維度的地上。姜振帥還特別留意到,只有耶和華從「神的空間」降臨,看看人在地上建造的城和塔(十一 5),又從「神的空間」下去變亂人的口音(十一 7)。[11] 並且,耶和華和人雙方的行動及回應大都局限於各自所處的空間;經文沒有描述耶和華進入人的空間,而人亦只是停留在自己的空間,沒有與耶和華有任何直接對話或互動。這情景呼應伊甸園敘事中,亞當和夏娃被逐出伊甸園後,他們原先與神的親密關係變得疏離了。因此,在巴別塔敘事的情景裏,似乎呈現了兩個截然不同的空間:「神的空間」和「人

---

10 Jiang, *Critical Spatiality in Genesis 1～11*, 110, 111, 117 [dissertation on-line]. 更具體地說,創世記二至三章傳達神與人(以亞當和夏娃為代表)之間有密切的關係。創世記六至九章則闡述世界的混亂及秩序,揭示出神對人(以挪亞為代表)的關心。

11 Jiang, *Critical Spatiality in Genesis 1～11*, 119, 143, 148 [dissertation on-line].

的空間」。這樣的話，人向垂直空間維度建造摩天的巴別塔，就可以理解為人企圖入侵神的垂直空間維度，破壞原有的空間平衡，造成垂直維度之「神的空間」和水平維度之「人的空間」兩者的張力，最後引發神以行動回應，糾正錯誤。[12]

然而，姜振帥接著卻想我們注意巴別塔敘事的後半部分，論及耶和華介入，把人類整體「從那裏分散在全地上」（十一8）。從這描述，我們可以正確地推斷「神的空間」並不是我們一般所理解的一個有界限的具體空間，其實這本質上是一個「全能空間」（an omnipotent space）。[13] 姜振帥解釋說：

> 創世記二至三章、六至九章、十一章1至9節，闡述了兩個與神有關的重要空間：一個是神在天上的空間，另一個是神在地上的空間。根據這個敘事，神不僅從天上管理地上的事物，還親身在地上行動。[14]

更具體地說，「神的空間」就是天地的所有空間。在巴別塔

12 Jiang, *Critical Spatiality in Genesis 1～11*, 118～119, 157～158, 229～231 [dissertation on-line].

13 Jiang, *Critical Spatiality in Genesis 1～11*, 148～149 [dissertation on-line].

14 Jiang, *Critical Spatiality in Genesis 1～11*, 117 [dissertation on-line]. 筆者的翻譯。

敘事的脈絡中，這「神的空間」必然涵蓋垂直和水平維度的「人的空間」。況且，創世的考源敘事所展示的，是立體宇宙空間觀；早在神創世時，垂直和水平空間維度已經是神賦予人的空間元素，以構成「人的空間」。因此，在這種宇宙空間觀下，單從空間角度認定「人建造摩天的巴別塔，就是挑戰位於高處的神」，並不完全正確，也不應該成為理解巴別塔敘事的重點。

究竟從空間批判解讀這個耐人尋味的巴別塔敘事，可得出甚麼正確信息呢？在這個問題上，姜振帥首先認為解讀巴別塔敘事時，不應只著眼於摩天的巴別塔，而應視巴別塔及其相關的城市為當時天下人的一個整體工程。姜振帥認為巴別塔及其相關的城市，是象徵人類整體的建築場所和城市環境。[15] 因此，建設這座巴別塔和城市是象徵人在建築及城市建設上的力量及自信，他們心中有一個宏大的目標，即「來罷，我們要建造一座城和一座塔」和「為要傳揚我們的名」（十一 4）。巴別塔及其相關城市的規模和高度，可以明顯而具體地彰顯人的強大決心和力量：一座「塔頂通天」的高塔，以及一座能「傳揚我們的名，免得我們分散在全地上」的宏偉堅固城市（十一 4）。

巴別塔敘事的開端已經清楚指出，人一直向東流徙，直

---

15 Jiang, *Critical Spatiality in Genesis 1～11*, 144, 212～213 [dissertation on-line].

至在示拿發現一塊平原，便決定在那裏定居（十一 2），這顯然是一個為了他們美好將來的長久計劃。因此，敘事強調巴別塔及其相關的城市是全人類的工程，且明確指出其「具體特定地點」（specific locative place）：示拿的一片平原。姜振帥認為，這個在「具體特定地點」建城造塔的定居計劃與「廣泛無限大地」（universal place）之間，產生一種不平衡的空間張力，這引致「神的空間、人的空間、自然空間」失衡，因為人傾向於將他們自己限制在一個有界限的特定空間，完全與外面廣泛世界的空間隔絕。事實證明，神反對這個「具體特定地點」的全人類長期定居計劃，而這種空間張力最終導致全人類被神分散到世界的每個角落，即從特定有限的示拿平原空間，分散到廣闊無限的世界空間。姜振帥總結說，巴別塔敘事延續了創世敘事中「生養眾多，遍滿地面」的課題（一 28，九 1、18～19），甚至是對此課題的擴展和深化，強調人的多樣和多元性，並再次肯定人在世上繁衍及說多種語言，早已是神所命定的。[16] 要留意的是，姜振帥的空間批判解讀雖然展示了一種新的方法論，可是他的結論卻似是我們熟悉的解讀。

---

16 Jiang, *Critical Spatiality in Genesis 1～11*, 179, 181～183, 185～186, 218～221, 252 [dissertation on-line].

三、表徵權力的城市

我們接著以曾慶豹的空間批判解讀作進一步思考。[17] 上述姜振帥的闡釋，主要集中在文本呈現的空間意象、空間背景及空間張力上；曾慶豹則參考了社會空間理論，從社會政治角度進行分析。曾慶豹與姜振帥的觀點互相呼應，指出巴別塔及其相關城市是象徵城市的建築空間和場所。曾慶豹引用社會空間理論，指出社會或城市中的空間是「社會生活的最根本形式」，但這些空間不是「均質」及「客觀」的物質，而是「社會產物」（a social product）。[18] 每個城市和社會都會生產合適及獨特的空間，而這些空間的生產和再生產，其中彌漫著人在該社會互動的社會關係。透過看得見的建築及城市的空間形態，社會上的主流意識形態和價值觀就被清晰地展現出來，因此空間在本質上是表徵社會權力(power-full)的空間舞台。[19] 遵循社會空間理論的思路，曾慶豹認為「巴別社會」這個神學和政治實體，透過具體和看得見的塔和城，彰顯其主導的意識形態、價值觀及權力。而且這座巴別塔是用磚和石漆建造，這些都是當時昂貴及先進

17 曾慶豹：〈解構巴別塔：空間、權力與上帝〉，《中外文學》卷三十二第五期（2003 年 10 月），頁 125～149。

18 曾慶豹：〈解構巴別塔〉，頁 130。

19 Kim Knott, "Spatial Theory and Method for the Study of Religion," *Temenos* 41.2 (2005): 159～162.

的建築材料和技術，因此有力地展示了人崇尚並信賴的科技及資本。[20] 如果巴別塔建成，塔頂可以通天（創十一 4），那就可以在空間中佔據主導地位，在視覺上無疑是震撼的，藉此可以非常有效地展示「巴別社會」的主導權力和意識形態。簡單來說，巴別塔連同其相關的城在本質上是社會產物，是表徵「巴別社會」權力的一座城市。

曾慶豹敦促我們，要把巴別塔敘事理解為人「追求安居慾望的典範」。人積極地在他們所處的空間建立伊利亞德（Mircea Eliade）所述的神聖空間概念中的「中心」（center），以此為自己在地喜悅、安全而舒適生活的樞紐，但卻在很大程度上不想有神的干預。[21] 巴別塔敘事明確地強調人擁有一種共同語言，這使他們成為一個強大有力的整體。「他們所要做的事就沒有不成就的了。」（創十一 6）這反映人集體深層意識下，渴望與創世敘事中的神一樣，能以語言為創造力，[22]「因為他說有，就有，命立，就立」（詩篇三十三 9）。人期盼擁有如神一樣的話語創造能力，來主宰他們所處的空間和自然。[23] 因此，曾慶豹認為研讀巴別塔敘

---

20 John H. Walton, "The Mesopotamian Background of the Tower of Babel Account and Its Implications," *Bulletin for Biblical Research* 5 (1995): 162～164.

21 曾慶豹：〈解構巴別塔〉，頁 141。

22 王岳川：〈台灣後現代後殖民文化研究格局〉，《文學評論》第十期，2001 年，〔網上文章〕；取自中國人民大學複印報刊資料網頁（http://rdbk1.ynlib.cn:6251/qw/Paper/174869#readArea）；瀏覽於 2022 年 4 月 18 日。

23 曾慶豹：〈解構巴別塔〉，頁 141。

事應聚焦於那些表徵人的傲慢及權力的描述，而人的自傲及權力很大程度上是基於對科技的依賴，然後具體和象徵性地透過建築——無論是塔樓、建築物或城市——去支配他們所處的自然空間，以滿足他們追求在世舒適安居的慾望。

四、可諒解的傲慢

誠然如上文所述，人的傲慢是人以權力支配其所處空間的動機之一。斯特勞恩卻指出，不應該抹煞第二個動機，就是源自人本性中對不確定的未來、對廣闊外在空間的恐懼和不安。[24] 曾慶豹也在他的空間批判解讀中，對作為凡人的巴別塔及城的建造者予以同情。對曾慶豹來說，他們建城造塔既出於傲慢為自己揚名，同時也可以是由於恐懼被分散在全地。這雙重動機並非不可能。[25]

對於這第二個動機，馬辛（Raymond B. Marcin）為巴別塔及城的建造者提出辯解。馬辛指出，在古代人為城市建造瞭望塔以保衛他們的財產、商業和建築物，是很普遍的事。為了支持他的論點，馬辛甚至援引經文，指出在舊約聖經裏神的保護也以塔的空間意象來表達，如箴言十八章

24 Strawn, " Holes in the Tower of Babel."
25 曾慶豹：〈解構巴別塔〉，頁 127、132。

10 節。因此，一方面，巴別塔和城可以理解為展現了人對不確定的未來及外面空間的恐懼與不安，渴望透過建城造塔來確保安全和穩定。但另一方面，在嚴格的意義上，巴別塔和城的建造仍然展示了上文所闡述的，「人類不斷嘗試成為神」及「人向神證明自己能力」的傲慢。對人來說，這不可避免地是個矛盾。可是，人仍然不能因此完全迴避對他們的指控：他們錯誤地過分信任自己建造的塔和城，而不是信靠神。不過，馬辛的取態是諒解巴別塔及城的建造者。他的結論是：即使「巴別塔敘事中人的作為是罪」是成立的，也不應視這為一般的驕傲和傲慢，這乃是源於人內心對不確定的未來及空間之恐懼的「另一種可諒解的傲慢」（a different kind of justifiable pride）。馬辛提出「可諒解的傲慢」這論點，打開了一扇窗戶，讓讀者關注在巴別塔敘事裏，人作為凡人對所處外面空間及不確定的未來，而發自肺腑的感受和恐懼。[26] 若能恰當地明白巴別塔及城的建造者的這第二個動機，確實可以使我們更理解人的本性，且按此來解讀巴別塔敘事，同時也可以讓我們更好地掌握神在這敘事中之行動的真正心意。

---

26 Raymond B. Marcin, " The City of Babel: Yesterday and Today," *Logos: A Journal of Catholic Thought and Culture* 6.1 (Winter 2003): 121, 126～128.

五、流離的存在形態

上述有關人對不確定的未來和廣闊自然空間的恐懼及不安，巴什拉（Gaston Bachelard）的後現代空間批判理論可讓我們沿著上文的脈絡，更好地理解巴別塔敘事，作出更深入有用的探討。巴什拉的《空間詩學》（*The Poetics of Space*）是一項現象學上的探究，針對居住空間的文學意象。巴什拉認為，探究這些描寫居住空間富有詩意的文學意象，可以揭示人渴慕在居住空間獲得「受保護的私密」（protected intimacy）時所涉及的深層心理和潛在意識。這可以在某程度上呈現人對浩瀚空間（universe）固有的恐懼，甚至視之為充滿敵意的外在空間；相反，人卻自然地視家居空間或家（the house）是滿有溫暖和具保護功能的地方。[27] 雖然，巴什拉的空間探究是聚焦於家居空間的統一性、複雜性和特殊價值，但他也強調所有真正可供人居住的空間都具有家居的本質，並充滿美感，因為即使是「最基本的庇護場所」（slightest shelter）或「最簡陋的房子」（the humblest dwelling），都能保障人的安全及穩妥，或至少是令人心理上感覺有「獲得受

---

27 Zachary Braiterman, " God in the Poetics of Space (Bachelard) " (3 January 2021) [article on-line]; available from the Jewish Philosophy Place website (https://jewishphilosophyplace.com/2021/01/03/god-in-the-poetics-of-space-bachelard/); accessed 12 February, 2022.

保護的錯覺」（the illusion of protection）。[28] 因此，筆者嘗試在下文指出巴什拉在這方面的探究具有啟發性神學含義，亦有助深化我們對巴別塔敘事的空間批判解讀。因為巴別塔和城的建造者，可與人追尋家居空間的深層心理及潛在意識相比，兩者都是通過自己的力量和努力去獲得安全和穩妥的「受保護的私密」空間。儘管這最終在巴別塔敘事中被確認為只是人的一種錯覺。[29] 對巴什拉而言，以現象學的方法去探究居住空間的詩意意象，最有意義的是能窺探人心靈的深層心理和潛在意識，藉此展示人的「意識起源」（origin of consciousness），甚至進一步從這些空間詩意意象隱約地顯現出「人性的隱喻」（a metaphor of humanness）。[30] 這種對人性深廣意識的理解，自然可以窺見人在追尋家居空間的原始心理狀態及意識。就此，巴什拉明確指出，毫無疑問人在浩瀚空間中自覺自身的存在是「一種流離的存在」形態（a dispersed being），這是人對浩瀚空間和廣闊自然固有的莫名恐懼及敬畏。因此在人的深廣意識中，家就是他們的「第一

---

28 Gaston Bachelard, *The Poetics of Space*, trans. Maria Jolas (Boston: Beacon, 1994), 5.

29 這裏需要注意，巴什拉的空間詩學本質上是空間批判性理論。它在哲學理論、文學、建築領域等都有很大的影響力，但在宗教和聖經研究領域上的影響卻微不足道。Jolyon G. R. Pruszinski, "Interpreting Literary Ecologies and Extending Spheres of Concern: A Note on Bachelard's *The Poetics of Space* for Eco-Theology," *Religions* 12(10):891 (2021): 2, 4; Braiterman, "God in the Poetics of Space (Bachelard)" [article on-line].

30 Bachelard, *The Poetics of Space*, vii, xxviii and 3～4.

世界」(first world),從中獲取他們安然穩妥的存在感覺:

> 在人不可預測的生命歷程,家不間斷為人提供保障。沒有家,人在空間裏就處於一種流離的存在形態。家支撐著人安然渡過天空和生命的風暴。家是身體和靈魂,也是人的第一個世界。……人的生命始於這封閉、安穩、又極溫暖的家居空間的懷抱中。[31]

簡單來說,家居空間是每個人在浩瀚空間中生活和夢想的「隱退空間」(secluded space),這本質上是每個人的「世界一角」和「第一宇宙」,一個「受保護的私密」空間,容許他們「拒絕、自制甚至逃避」外面世界。[32] 因此,巴什拉煞費苦心地試圖證明,尋找舒適及安穩的家居空間是人的本能,人對家也有本能的信靠,在人的想像世界中,家幾乎等同「心靈庇護所」(spiritual sanctuaries)。[33] 但同樣重要的是,這種家居空間賦予人穩妥的受保護的體驗,卻同時引發人抗拒其周邊浩瀚空間的空間張力,導致人傾向於從外面浩瀚的世界

---

31 Bachelard, *The Poetics of Space*, 6～7. 筆者的翻譯。

32 Bachelard, *The Poetics of Space*, 4, 136～137.

33 Fusun Zhang and Zhanjun Fan, "The Interweaving of Consciousness and Poetic Space," *Advances in Social Science, Education and Humanities Research*, vol. 594 (2021): 246～247.

退縮至他們的家居空間:一種棲居於世界一角、不願面向世界的原始心態。[34]

巴什拉就空間和人深層意識的探索引人入勝,描繪出對人性新而深刻的理解,難怪巴什拉獲稱譽,說他的語言往往能夠不經意地挑起神學思考。[35] 而且,巴什拉的探究也可以加深我們對巴別塔敘事中「可諒解的傲慢」此一課題的理解。巴別塔敘事開始時,已經描述天下人向東遷移,他們擁有同一的口音和語言,這語言能力具體化地表徵他們的力量。他們在示拿發現了一個平原,並打算在那裏建城造塔,定居下來。首先,這個序曲清晰展示了敘事的空間背景:「具體特定地點」(示拿的一個平原),相對於「廣泛無限大地」(全示拿及其周邊廣泛地域)。其次,這是天下人在廣泛無限大地上向東流離的敘事。[36] 在當時的時空下,人深思熟慮後對自己的力量有著堅定的信念,於是認真地建城造塔,要定居下來,以結束巴什拉所指的「一種流離的存在」形態。從巴什拉的視角來看,我們可以更好地掌握建城造塔者的深層心理和潛在意識。他們作為凡人,不願在充滿敵意和危險的廣闊無限空間中繼續流離,故積極地建造安全、溫暖又舒適的塔和城,這是完全可以理解的內在願望和本能反應。

34 Pruszinski, "Interpreting Literary Ecologies and Extending Spheres of Concern," 5.

35 Pruszinski, "Interpreting Literary Ecologies and Extending Spheres of Concern," 2.

36 Jiang, *Critical Spatiality in Genesis 1～11*, 184, 249 [dissertation on-line].

對於流離的天下人來說，巴別塔和城在功能上是一個美好及宏大的庇護場所，是人在地上生存和夢想得到確切保護的證明；亦是他們期盼的「心靈庇護所」，能把人從「一種流離的存在」形態中拯救出來。因此，將上述巴什拉就空間和人深層意識的論述與馬辛「可諒解的傲慢」的論點聯繫起來，我們便可以更好地理解馬辛研讀巴別塔敘事所得出的結論：「神憂慮的從來不是祂自己的權威」，而是「人傾向罪惡的想像力和意念」。[37] 下文嘗試在這方面繼續探討。

六、在巴別塔的廢墟上

至此我們面對一個亟待解答的難題：究竟這個古老的巴別塔敘事，對於我們這個又複雜又高度發展的現代世界有甚麼意義？有說法認為巴別塔敘事呈現了，現代城市發展就只是「空間的抉擇和空間佈局，並且是以空間思維主導了社會的構建」(city as a spatial choice, a spatial configuration, and a spatial way of society-making)。[38] 廖炳惠也對這個問題在某種程度上給了肯定的回答。廖炳惠從文化研究的角度出發，

37 Marcin, "The City of Babel," 125～126.

38 Jacques Lévy, "Urbanity and Humanity: Babel as an Open Myth" (2022) [article online]; available from Religion and Urbanity Online website (https://doi.org/10.1515/urbrel.17263018); accessed 19 April, 2022.

發現古老的巴別塔敍事與當代現代主義運動的聯繫。對廖炳惠而言，人為了揚名立萬、避免流離大地而建造巴別塔和城，與我們當代世界現代主義運動建造新世界，兩者在屬性和性質上相類似。簡而言之，現代主義構建富烏托邦氣息的新世界時所作出的努力，本質上就是巴別塔敍事的當代版本。廖炳惠因此宣稱：

> 如果把追求統一、新生的現代主義整個夷平是後現代的話，那巴別塔可說是後現代的源頭了。在巴別塔的故事，人類想建造一座城與一座通天塔，使自己成名，而且免得被分散，本身就是現代主義式的……[39]

廖炳惠這個觀點具啟發性並且發人深省，儘管他的推論可能有點粗疏。在此有必要引入葛林（T. J. Gorringe）對現代主義的見解，以便更深入地探究廖炳惠的觀點。葛林首先點出當代創新的建築材料和技術，特別是鐵、鋼、平板玻璃，催化了現代主義下的建築和城市急速發展。然後葛林又正確地指出，現代主義在很大程度上是理想化的烏托邦主義，其主要信條是大力推動社會進步。現代主義甚

39　廖炳惠：《形式與意識型態》（台北：聯經，1990），頁 294～295。

至宣稱有必要「創造一種新的人類」(create a new species of human being),以及孕育一種「世界性文明」(a universal civilization)的誕生。對葛林來說,現代主義在當代的建築及城市發展中,其實扮演著一個激情「理性宗教」(religion of reason)的角色。現代主義崇尚新技術,採納簡單幾何建築形態,以功能考慮為主,並摒棄他們所謂的審美和歷史偏見。簡單來說,現代主義對其倡議的一套統一、「類似機器語言」(machine-like language)般的新建築語言,有強烈的信念和信心。毫無疑問,這場現代主義運動的本意是擁護人文主義,但現實結果卻是反人文主義。[40] 葛林引用文丘里(Robert Venturi)的後現代主義宣言,藉此清晰地表達了對現代主義的祛魅,特別是針對現代主義的過分自信、強烈主導又排他的意識形態:

> 我喜歡混雜而不是純淨的,經妥協而不是光潔的……歪曲而不是直截的,模棱兩可而不是表達清晰的,顛倒但客觀的,無聊又有趣的,傳統而不是既定的,包容而不是排斥的……我支持凌亂中彰顯的活力而不是統一的整合。我接受不跟邏輯的

40 廖炳惠:《形式與意識型態》,頁 294。

推論，同時也宣揚二元性。[41]

這確實是後現代主義清晰而響亮的宣言，全力「擺脱如清教正統般的現代主義」。[42]

同樣，歐文（Allan Irving）對現代和後現代城市規劃的反思，可以進一步加強深我們在這方面的理解。在歐文看來，勒柯比意（Le Corbusier）、賴特（Frank Lloyd Wright）、凡德羅（Ludwig Mies van der Rohe）所代表的現代城市規劃，基本上遵循了現代主義的精神和哲學思想。現代城市規劃具有強烈的信念，認定社會的進步進程是線性的（linear progress），並堅信有理性的城市空間佈局是提高個人自由和人類福祉的先決條件。因此，這些現代城市規劃的倡導者都是信仰實證、技術、理性規劃，還過分信賴那近乎烏托邦理想、大規模、技術性、功能齊全的城市發展或重建項目。然而，後現代城市規劃正是要反思及反對現代城市規劃的盲目理性及過分自信，並指出在複雜多元化的現代城市和社區，尊重多樣性、靈活性、多元化的城市環境，才能為人帶

41 T. J. Gorringe, *The Common Good and the Global Emergency: God and the Built Environment* (Cambridge: Cambridge University Press, 2014), 275 ～ 276. 筆者的翻譯。現代主義既是哲學運動又是藝術運動，對藝術、文學、文化、建築等產生廣泛影響，葛林的文章只涉及建築和城市發展方面。本文就現代主義的討論也只集中於這兩個層面。

42 Gorringe, *The Common Good and the Global Emergency*, 277.

來真正豐盛的生活。[43]

明白了上述葛林和歐文的論述，我們就可以更好地理解廖炳惠提出的巴別塔敘事與現代主義運動之間的聯繫。現代主義作為一種激情，甚至叛逆傳統的運動，彌漫著人的烏托邦理想和願景，展現人強大的信念和志向，以他們自傲的新建築語言建造新世界。這在很大程度上是重複巴別塔敘事中天下人建城造塔的經歷，因為現代人再一次依賴自己的理性、意識形態和科技，支撐他們在地上建立一個安全舒適的家居空間。在此我們自然要問：這是否表示，現代人延續了巴別塔敘事中建城造塔者所展現的「可諒解的傲慢」？這種烏托邦式改造社會的現代主義，是否在某程度上類似巴別塔敘事中，人因對外面世界的恐懼和不確定性而作出的本能反應？依據上文的論點，筆者認為這是可能的。

值得注意的是，廖炳惠的研讀並沒有就此止步，還進一步思考背後的原因。他認為現代主義運動可歸結為人的終極願望——在他們的心靈和意識深處，渴求獲得與神相同的權力，從而像神一樣：

……想鞏固自己的名，進而構成在權力上與上帝無

43 Allan Irving, " The Modern/Postmodern Divide and Urban Planning, " *University of Toronto Quarterly* 62.4 (Summer 1993): 474～476.

異的整體（totality）。[44]

在那些現代主義大師的座右銘下，人首要做的是重視「理性和現實」(reason and realism)，不再著眼於「心靈精神的提升」（flights of the spirit）。因此，他們不再熱衷於建造大教堂，並相信自己所信仰的新建築語言，已經足以引領人提升到如天堂般的新世界。[45] 然而對廖炳惠來說，事實上這幾乎就等於人的永恆願望，他們竭力嘗試把照自己心意建造的建築和城市作為工具，以滿足需要和慾望，超越經驗，實現夢想。但人這個永恆願望卻是永遠無法實現：

> 在這種整體性的概念底下是已經（「總已」always already）體會到整體性的喪失，亦即建築是人類的「第二自然」（second nature），藉之人類可超越經驗、自我的需要、慾求、重新創出並實現整體的理想——一種無法達到的夢想……[46]

因此，巴別塔敘事是勸誡人要走出這個巴別塔廢墟。[47] 無

44 廖炳惠：《形式與意識型態》，頁 294。
45 Gorringe, *The Common Good and the Global Emergency*, 274～275.
46 廖炳惠：《形式與意識型態》，頁 294～295。
47 廖炳惠：《形式與意識型態》，頁 295。

疑，廖炳惠這個解讀的結論滲透了神學意義，儘管他自己可能不察覺。

如果認為以上述現代主義運動作為例證説服力不足，因為這可能只是單一偶發的事，那麼霍爾（Peter Hall）對全球城市發展的歷史研究，就從更廣闊的歷史時空角度提供堅實的基礎，確認人在城市發展、建造舒適及安全的家居空間方面，無可避免地總有揮之不去的「局限和有限」。霍爾總結其歷史研究時指出，城市規劃在過去百多年的發展中，固然出現了許多錯誤和偏差，但其中仍有不少驕人成就。霍爾接著又筆鋒一轉，對現化城市規劃和發展提出一個挑戰：這百多年的全球城市發展歷程，雖然看似輝煌，卻始終無法根除自英國維多利亞時代以來，一直存在至今的「下層階級」（the underclass）。這個「下層階級」是泛指全球資本主義城市發展下的弱勢階層及受苦羣體。這「下層階級」從來沒有根本性地消失，反而在各個城市均可確實看見，穩定地繼續存在，甚至擴大、增長。霍爾暗示，過去一個世紀多以來，人不斷公然以最大力度開發城市，作為創造財富的有效機器，卻沒有以同樣的努力和決心，正確地解決社會和人文層面的問題。因此借鑑這百年的歷史，人建設未來的城市時，實在有必要在這方面認真地重新思考，並採取更多行動。[48] 霍

48 Peter Hall, *Cities of Tomorrow: An Intellectual History of Urban Planning and Design in the*

爾這項觀察是另一個實證，說明人作為凡人，有其固有的局限和有限性。同樣重要的是，人痴迷於並過度相信自己的力量，認為輔以意識形態、科技、資本，就可以建設城市作為地上的「復樂園」(paradise regained)，其實這注定是失敗的。從正義和道德的角度來審視我們的城市規劃及發展，就發現這個幾乎永續存在的「下層階級」現象清晰地表明，我們在推動實現一個真實、公平社會方面所取得的進展實在不多，這甚至看似無法達成的夢想。

七、批判與救贖

曾慶豹相信，神阻撓當時天下的人繼續建城造塔，其實是向人傳達一個充滿神學含義的信息，而且更重要的是，這信息仍然與現代人息息相關。曾慶豹認為，巴別塔敘事中呈現神對人的懲罰，其實應該理解為「一種介乎批判與救贖之間的辯證」。重點是批判人的意識形態、技術和資本，如何主宰他們所處的空間和自然，且具體地彰顯在人的城市建築。神當然也期盼人從中醒覺，從而得到救贖。[49] 因此，這座巴別塔及其相關的城市是空間意象，象徵人的建築及城

Twentieth Century, 3rd ed. (Oxford: Blackwell, 2002), 468.

49　曾慶豹：〈解構巴別塔〉，頁 128、146～147。

市。這座塔和城可以歸結為展示了人的集體深層意識和心態，就是為了追尋地上舒適安穩的家居空間，而按人自己的心意，自傲地依靠自己的能力去追求城市進步和發展，卻在過程中忽略甚至漠視神的存在。這漠視神的後果，就是人也自然地傾向漠視神領域裏的律法、秩序、公義、正義。[50]

至此，曾慶豹的空間批判分析已經從闡述敘事的因果及其神學含義，轉向嘗試探索神如何以巴別塔為空間意象，向人啟示祂對城市和社會發展的心意。曾慶豹指出，神在巴別塔敘事中的作為，在神學意義上既是對人的批判，也是拯救的前奏，引導人認識那在地上活在神恩典中的另類生活願景和方式。這論點呼應上文馬辛提出「可諒解的傲慢」之見解，兩者同樣認為神在巴別塔敘事中行動的真正焦點是為天下人的福祉，而非顧慮祂自己的權威。巴別塔敘事沒有提供任何明確的總體規劃或全面的指引，可以給我們直接或廣泛地應用在實際城市發展上；但對曾慶豹來說，敘事文本已經提供線索，讓我們了解怎樣才是滿有神恩典的城市環境。曾慶豹點出巴別塔敘事顯然是呼籲人要包容，且要接受多元化和差異。更重要的是，這必須是源於人的醒覺，願意不再過分依賴人的理性、意識形態、科技，摒棄依靠權力任意

50 曾慶豹：〈解構巴別塔〉，頁 145～146。

支配空間和自然。[51] 套用巴別塔敘事的情景來說，就是警誡現代人要走出這個巴別塔廢墟。

八、神的國度

馬辛更明確地指出巴別塔敘事與我們現代世界的連繫。他認為，現代人與巴別塔和城的建造者都有同一的心思意念，就是要建立一個穩定有序的社會：

> 巴別城的建造者完成了許多看似對人有益的成果。他們在建造一個統一及穩定的社會。他們所做的事情，就如我們今天正在做的。我們走在一起。我們都是一致的。我們建設我們的城市和我們的社會。[52]

利維（Jacques Levy）提醒我們，新冠病毒全球大流行之後，再次促使大家轉而從空間的進路解讀巴別塔敘事，重點是探究人的空間與自然空間的張力。這特別引發了人重新反思惡劣環境對人的影響。人面對的天然災難，無論是由氣候變化帶來的危害，還是最近的新冠病毒大流行，都被認

51　曾慶豹：〈解構巴別塔〉，頁 129、131。
52　Marcin, "The City of Babel," 127. 筆者的翻譯。

為與人以增長和進步之名義而廣泛濫用自然資源有關。因此，巴別塔敘事的現代意義就是提醒現代人：人以極高效率拓展空間以營造城市及擴展社會，已經達到濫用自然資源的程度。這本質上是危險的，無可避免使人的空間與自然空間之間產生嚴重的張力。更重要的是，人是神照著祂的形象創造的，因此在神面前須承擔管理大地的責任，這經典的宗教論點似乎已經不再為現代人所信服。因為對現代人來說，自然空間頂多是間接與一個「缺席的全能神」（an almighty but absent God）拉上關係。利維這「缺席的全能神」論點也呼應廖炳惠的見解，即人想「在權力上與上帝無異」；兩者可看為兩個不同角度的論證，共同展示了現代人追求發展的深層意識。馬辛總結指出，巴別塔敘事在本質上就是要指正人對發展的理念（the idea of progress），而不單是針對發展所帶來的如社會不公平等的負面影響。[53]

那麼，神心意中真正的發展是怎樣的？馬辛刻意從神學立場回答這個問題。他認為巴別塔敘事的一個關鍵信息，就是呼籲人要謙遜地理解神的觀點，不再堅持那依靠意識形態、科技、資本支撐的城市及社會發展。除非及直至我們願意理解神的觀點，否則我們不會也無法知道確切的答案。馬辛甚至認定，由於人心本性傾向敗壞，人在地上的作為即

———

53 Marcin, "The City of Babel," 128～129.

使看來是出於崇高的理想，或是躊躇滿志的，也難免注定失敗，最終使人與神相離更遠。[54] 最後，馬辛總結他閱讀巴別塔敘事的心得，提出一個發人深省的洞察：

> 最終，城市並不是重點。重點是國度。[55]

雖然馬辛沒有進一步闡述，但顯然是指向新約聖經中耶穌宣告的那降臨在地上的神的國度。

此外，史都華德（Eric Clark Stewart）從空間批判進路研讀馬可福音，為我們提供了較清晰的線索，去從空間的角度理解，舊約聖經的巴別塔敘事與新約聖經中的神國兩者的相關聯繫。[56] 對史都華德來說，馬可福音呈現人以耶穌為中心而聚集的新社區空間，這就是那降臨在地上的神的國度，是世人可見可知的：

> 任何圍繞耶穌聚集而形成的新社區，就是存在於地上空間的神的國度。人尋找他，派使者到他那裏，並跟隨他傳播福音⋯⋯。耶穌差遣門徒傳道、醫

54 Marcin, " The City of Babel, " 129.

55 Marcin, " The City of Babel, " 129. 筆者的翻譯。

56 Nicholas King, review of *Gathered around Jesus: An Alternative Spatial Practice in the Gospel of Mark*, by Eric Clark Stewart, *The Heythrop Journal* 53.2 (2012): 333.

> 治、趕鬼，以擴展神的國度在地上的空間。這個空間只有在人子回來並招聚他的選民時才完全實現。[57]

我們在這裏再次看到「具體特定地點」(即以耶穌為中心聚集的社區空間)和「廣泛無限大地」(即將來完全實現的神的國度)之間的空間張力。在舊約聖經的巴別塔敘事裏，流離的天下人在具體特定的地點(示拿的一個平原)停下來定居，但隨後卻被神分散到地上每一個角落。而在新約聖經，神的國度在地上是一個動態的、向外擴展空間的運動，本質上是以耶穌為中心的社羣整體地由具體特定地點開始，不斷自內向外、廣泛無限大地擴展，直到世界的每一個角落。

九、總結

至此，本文闡述了如何從空間批判進路研讀巴別塔敘事，其中指出神的空間並不是我們一般理解的那有界限的具體空間，其本質上乃「全能空間」。因此天下人建造摩天的巴別塔，不能僅僅因為它向垂直空間維度擴張，而解讀為對

57 Eric Clark Stewart, " Gathered around Jesus: An Alternative Spatial Practice in the Gospel of Mark " (Ph.D. dissertation, University of Notre Dame, 2005), 304 ～ 305 [dissertation on-line]; available from University of Notre Dame website (https://curate.nd.edu/show/rf55z60643v); accessed 20 April, 2022. 筆者的翻譯。

神的挑戰。而且，本文也論證了巴別塔敍事展示出神對人性傲慢的懲罰，這傲慢是源自人深層意識對其周邊浩瀚空間及不確定未來固有的恐懼和不安，因此是尚可諒解的傲慢。更重要的是，神的行動固然是對人的懲罰，但同時也是對人的批判和救贖：一方面警告人要擺脱對意識形態、科技、資本的痴迷；另一方面卻導引人朝向另一種願景和方式，叫人在神的恩典中於地上生活。

馬辛更明確直接地提出，這救贖的答案必然來自新約聖經耶穌所宣告，關於神的國度降臨在地上的信息。馬辛的論點是從神學立場出發，是原則性及方向性的。筆者在此要指出，過去已經有不少專注空間的神學學術研究，對現代建築及城市環境的實際課題進行了廣泛的探索並提出了種種倡議，基調是在神學理念上呼籲我們的城市規劃和發展回歸到神的觀點。葛林倡議的城市環境神學，便是一個成功的嘗試。葛林認為，城市建設應視為一種受神不斷啟發下進行的宗教過程。他敦促人在城市發展的路程上必須與神保持對話，因為神是我們城市真正秩序和良好規劃的源泉；耶穌作為和平使者，賜予我們祝福和勇氣在社區裏促進正義與和平；聖靈則給予人靈感和異象以提升城市質素，為人帶來豐盛生活。[58] 限於本文討論的範疇和篇幅，筆者就不在這方

58 T. J. Gorringe, *A Theology of the Built Environment: Justice, Empowerment, Redemption*

面進一步探討。不過，就巴別塔敘事與現代城市及社會發展的連續性和相關性，繼續作更深入詳細的研究，筆者認為是值得的。這樣，我們就能更好地理解神持續給人的信息——從舊約聖經的巴別塔敘事到新約聖經所宣告的那降臨在地上神的國度，如何在現代城市和社會發展中落實及實踐，使人得著更豐盛的生活。

（本文轉載自《山道期刊》卷二十五第二期總第五十期，頁133～153，已獲香港浸信會神學院授權轉載。）

(Cambridge: Cambridge University Press, 2004), 48～49; T. J. Gorringe, "Salvation by Bricks: Theological Reflections on the Planning Process," *International Journal of Public Theology* 2 (2008): 101.

第 5 章

從神學的空間轉向思考城市營造環境[1]

一、神學的空間轉向

本文首部分會檢視近幾十年神學空間轉向（spatial turn）的演進歷程，從而理解其核心願景和概念，以及對今天城市發展的啟迪。我們會先從地上空間是表徵神與人關係的「關係化地方觀」（relational view of place）開始探索；然後，會思考以三一神的神聖空間性（divine spatiality）概念而構思的營造環境神學（theology of built environment）；再而論述認為規劃和發展營造城市環境，本質上就是人在地上空間體驗神的宗教歷程（a religious process）的觀點；最後，會論述城市的精神心靈（spirituality）康泰，會是未來城市發展

1 本章為原題為"The Theological Spatial Turn on Built Environment: A Case Study on the "Hong Kong 2030+"之英文論文的神學論述部分，而該論文刊登於《建道學刊》第五十五期（2022 年 1 月），頁 91～132。

的最終願景。

二、「關係化的地方觀」

如上述，我們先從英奇（John Inge）的「關係化地方觀」開始這個探索旅程。因為，英奇從聖經進路的思考，可以引導基督信仰羣體從神學角度去理解營造城市環境的本質。首先，英奇認為，舊約聖經可以概述為猶太民族在地上與神互動的敘事。本質上，它就是神的子民在神聖約的愛下，在神所創造的土地上互動的敘事。這敘事更表徵著神、人和土地的三向三角關係（參圖 5.1，頁 162）。[2] 舊約的重要教導是，人要接受和回應神的啟示，而地方（place）就往往是人接受和回應這些啟示的空間維度。[3]

英奇也探討了新約聖經中耶穌道成肉身的敘事的空間意義。他認為空間已經因著基督的道成肉身而「基督化」（Christified）。因此，空間或地方成了表徵關係的所在場地（seat of relations）；亦是人與神相遇及互動的在地空間維度，以及是人獲得身心靈體驗（human and spiritual

2 John Inge, *A Christian Theology of Place* (Durham E-Theses Online, Durham University, 2001), 85～86; available from Durham University website (http://etheses.dur.ac.uk/1235/).

3 Inge, *A Christian Theology of Place*, 104 [thesis on-line].

experience）的基本範疇之一（a fundamental category）。更重要的是，英奇指出，人與神相遇和互動的空間軌迹，亦因著這空間已經「基督化」，擴展至所有空間，而不再局限於聖地和聖殿。[4] 因此，新約聖經不是延續，更是深化了舊約信仰所強調的神、土地和人之間的緊密關係：

> ……地方是表徵神與世界關係的所在場地。神在某些地方與人相遇，而這些地方作為人遇見神的場所，與這種相遇的關係，自然是至關重要的，而並非無關緊要。正如我們所料，這同樣適用於人與人之間蘊涵在地方的關係。這是從道成肉身引申得出的結論。[5]

聖經教導一向的重點是，土地是神所賜予給人的，人要成為好管家，善用這土地資源，才能合乎神的心意，並為人帶來在地上豐盛的生活。然而，英奇跨越了這傳統智慧，提出了另類的「關係化地方觀」，認為要看重的是神、人和地方的緊密及動態的三向三角關係。他強調地方是要成就人與神之聖禮相遇（sacramental encounter）的在地空間維度；

4　Inge, *A Christian Theology of Place*, 94～95 [thesis on-line].

5　Inge, *A Christian Theology of Place*, 103～104 [thesis on-line]. 筆者的翻譯。

地方也就是神在世活動的場所（theatre）。人與人之間的在地的連結，以至整體社區和諧，也要如三一神的形象及其緊密關係一樣。因此，城市的營造環境該是以神為中心的世界（God-centered world），營造具轉化能力的「在地社區」（community-in-place）（參看圖 5.1）。[6]

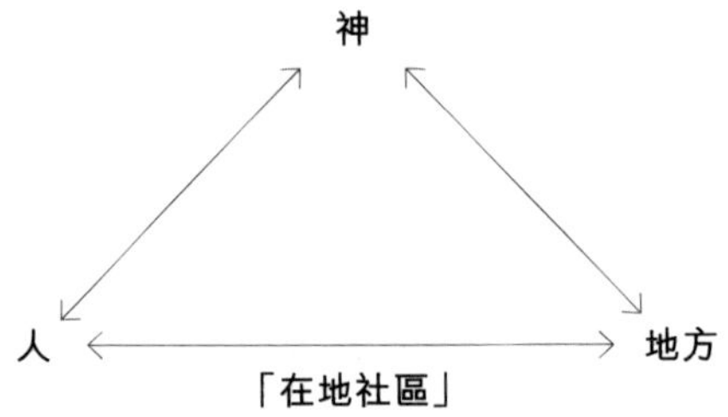

圖 5.1：三向三角關係的「關係化地方觀」

基於上述的概念，英奇認定，教會及其基督信仰羣體需要行動一致，在這方面實踐述行。所以，英奇亦煞費苦心地提出了一些實際方法，能在現實世界達致以神為中心的願景的。這些方法都旨在促使城市的營造環境更能傾向顧及人文需要，包括通過凝聚社區、強化睦鄰、維護地方認同和文化連續性，以至探討另類的社區經濟模式等。[7] 最後，英

6 Inge, *A Christian Theology of Place*, 224～225 [thesis on-line].

7 Inge, *A Christian Theology of Place*, 217～228 [thesis on-line]. 其中，英奇提出「社區經濟」概念作為一個可行的新方向，替代現行帶來不利環境和生態影響的全球經濟增長模式。這其實含蓄地表達了社區發展是值得進一步研究的替代模式。

奇強調從聖經進路才可以準確理解地方的意義，令我們意識到它背後千絲萬縷及不可忽略的人與神關係。[8]

三、營造環境神學

這一站，我們的探索旅程來到了一個重要的里程碑。那就是葛林（T. J. Gorringe）建基於巴特（Karl Barth）的神聖空間性概念，所構建的營造環境神學（theology of built environment）。巴特不認同當時被廣泛接受的基督教教義，認為神是非空間性（a-spatial）並永恆的，而祂的創造物包括人則是受制於空間和時間性。並且，巴特持截然不同的相反意見，認為三位一體的神是具有神聖空間性，且佔有空間。葛林更指出，巴特的神聖空間性概念明顯是源自三一論（Trinitarian），因為巴特認為所有空間都是源於這三位一體的神聖空間關係：[9]

> ……巴特主要是通過關係性而不是通過神的創造和恒久，來理解神的無所不在。神固然是三位

8　Inge, *A Christian Theology of Place*, 85～86 [thesis on-line]. 這圖是依據英奇的「在地社區」概念圖示略有修改而成。

9　T. J. Gorringe, *A Theology of the Built Environment* (Cambridge: Cambridge University Press, 2004), 43.

> 一體，但亦擁有空間。神反過來又賜給我們空間和時間。空間是一種創造的形式。因此，我們的真實空間又與神的不同；而它也可以成為神愛的對象。[10]

所以，人不應再簡單化的以自己在時空的體驗的反差臆測，去理解三位一體的神。[11] 其實，英奇亦已經提示我們，不要忽視地方、人和神的三向三角關係。葛林的營造環境神學則認為，上述的三一神的神聖空間性概念，自然會促發我們探究人的空間性（human spatiality），包括我們營造的城市環境。他更進一步探討神的創造、道成肉身和救贖，對我們的城市營造環境所帶來的神學意義。

可惜的是，葛林並沒有清晰地闡明神聖空間性和人的空間性的相互關係。在此，筆者認為有必要引入卡倫德（Elizabeth J. Callender）提出的三一神的空間性神學觀念，以彌補葛林在這環節的不足。卡倫德同樣接納了巴特的神聖空間性概念，認為人的空間性是被神聖空間性所涵蓋著（encompassed by），而人的空間性又與神的內在（intrinsic）神聖空間性相互關聯，並且受其啟迪。首先，卡

---

10 Gorringe, *A Theology of the Built Environment*, 43. 筆者的翻譯。

11 Gorringe, *A Theology of the Built Environment*, 47.

倫德構思三一神的神聖空間性，是可容納父、子和聖靈三個不同位格存在的關係性（relationally）空間。卡倫德稱之為「神的內在距離」（God's "inward" distance）。而這神聖空間性又與人的空間性維繫著一個有秩序的關係（ordered relation），卻又有區別的共同存在。更甚的是，父的創造空間性（the creative spatiality of God the Father）、子的復和空間性（the reconciling spatiality of God the son）和聖靈的救贖人世的空間性（the redeeming human spatiality of God the Holy Spirit），分別透過具體的創造、復和及救贖彰顯出來。這就是卡倫德所指的「神的外在距離」（God's "outward" distance）。神藉著施予人的恩典，將祂自己呈現在人的空間性中。神給予和祝福人的空間性，因為所有空間都是源於三一神的關係性空間。因此，城市環境縱然是人作為創造物所營造的在地空間，這營造運作也應該是服膺於上述神的形象及空間屬性，特別是要明白，這是人與神相遇、受聖靈感召及回應神的在地空間。簡而言之，卡倫德含蓄地強調一個能帶來豐盛城市生活的環境，不應該完全是物質的空間體驗，而是充滿神同在的精神心靈體驗。人需要承認，神對萬物包括人的在地營造環境的終極主權，以及藉著祂的恩典，人才能獲得及持續在地空間的豐盛體驗。[12]

---

12 E. J. Callender, *A Theology of Spatiality: The Divine Perfection of Omnipresence in the*

卡倫德闡述神聖空間性與人的空間性的相互關係，確實有助我們更好地理解葛林的營造環境神學。葛林開宗明義就表明，能彰顯神的形象和倫理價值的城市規劃及發展，才能帶來真正豐盛生命的城市生活。他認為創造世界並從混沌中帶來秩序的造物主神，是所有可持續和宜居的營造城市環境之根源。而那道成肉身的復和者耶穌基督，則帶來了在地的和平與公義。因此，城市的營造環境也應要適當地反映和促成基督的復和，特別是要抗衡對人的異化和支配，從而導引社區走向孕育豐盛精神心靈生活。再者，救贖世人的聖靈更是願景和創造力的孵化器及促進者，自然也是尋求更可持續、更宜居的營造環境規劃願景的啟發者。[13] 更重要的是，葛林煞費苦心地從基督信仰角度來思考，主張營造環境的終極關注不是純技術性的效益，也不單是合宜地滿足人的物質需要，而是要豐富人的精神心靈體驗。因此，葛林倡議我們所規劃和發展的營造環境，要充分彰顯那些能成就豐盛生活的倫理價值觀，包括可持續、包容、公義、賦權、情境性、多樣性和魅力，才能帶來豐盛生活的城市空間體驗。這也是葛林所說的「走向

Theology of Karl Barth (Ph.D.Thesis, University of Otago, 2011), ii and 241～244.

13 Gorringe, *A Theology of the Built Environment*, 48～49 and T. J. Gorringe, " Salvation by Bricks: Theological Reflections on the Planning Process," *International Journal of Public Theology* 2 (2008): 101.

耶路撒冷」(towards Jerusalem):[14]

> 總的來說，想像、秩序和公義三者，是三一論式(Trinitarian)的「空間神學」和「營造環境神學」的關鍵詞，而在這個營造的城市環境中，所有的現實都立足於與神的相互關係，也就是說，神在尋覓人的對應(correspondence)。[15]

葛林繼而認為，人在規劃和發展其城市的營造環境時，要能仔細探究及成全眾人的共同利益。因為，這本質上就是體會造物主神的創造秩序。這共同利益的理念，就是承認人與人必須是相互連結的共同依存，然後在這基礎上共同追尋對所有人都有益的共同價值。因此，復和者耶穌基督首要看重的，必然是城市環境中的社區，就是那些能孕育滿有活力和願意實現共同利益，以及帶來豐盛生命的、以人為本的社區。儘管如此，葛林沒有忽略真實世界的複雜性，並強調當今多元化及錯綜複雜的社區，當中涉及不同的文化、經濟和政治信念，要能確立共同利益，以至最終能建立共識，即使不是不可能的任務，也的確是困難重重。正因

---

14 Gorringe, *A Theology of the Built Environment*, 241～261.

15 Gorringe, *A Theology of the Built Environment*, 49. 筆者的翻譯。

如此，葛林提出轉向那些對每個人都會帶來不利影響的「共同害處」（common bads），例如有害的環境影響、交通混亂等，這會是較不費力及權宜的解決方法。因為，他相信整體社會會較容易就那些明顯的「共同害處」達成共識，這會是較權宜的解決方法，而且最終的結果也能促使整體社會朝著共同利益的方向發展。[16]

於是，葛林特別以今天的世界人口爆炸、氣候變遷和資源枯竭作為這些「共同害處」的例子，認定首要是批判性地反思我們傳統慣常的經濟增長模式，以對應他稱之謂迫在眉睫的全球緊急挑戰（global emergency challenges）。他指出這增長模式是鼓勵無限的消費渴求，也同時傾重個人喜好和得益，以至無條件地接受普遍的不平等，甚至對不公平回報的差異性無動於衷。總言之，每個人在這模式下都致力謀取最大的經濟效益，而其動力則是源於人性的貪婪。遺憾的是，這經濟增長模式無可避免地對自然及生態系統造成了過度的壓力，也同時違反了上述整體社會發展該持守的共同利益的信念。結果是，我們現今的城市發展只會促進有礙豐盛生命的城市生活模式。因此，葛林認為要導正這發展方

16 T. J. Gorringe, *The Common Good and the Global Emergency: God and the Built Environment* (Cambridge: Cambridge University Press, 2014), 16～17, 24～26. 例如，共同利益涵蓋聯合國人權宣言所闡明的所有價值觀，包括住房、食物、健康、教育、工作等。

向，首要的是我們思維上的轉變。我們先要承認資源的有限制性和尊重自然生態，並且在規劃和營造城市環境的過程中著力約束不平等，以及追尋共同價值，以致需要探索另類的替代經濟增長模式。葛林強調這會是思維上的根本性改變，而這如此深刻的改變，無論我們是否稱之為宗教，它本質上已經是宗教性的。因為，葛林認定這確實是回歸神的表徵，從神的視野去識別及共識真正有益於整體社會的真正共同利益，而不再是那些實際上是依從權貴或市場力量的謬誤共同利益。[17]

無獨有偶，教宗方濟各（Pope Francis）也認同葛林富宗教意味的論點。教宗方濟各在他的《論愛惜我們共同的家園》通諭中，引用了普世牧首巴爾多祿茂（Patriarch Bartholomew）的論述，同樣意識到全球環境問題的根源是關乎人的倫理和精神心靈。所以，教宗指出這不僅需要技術解決方案，還需要人的思維改變及相應行為配合。他倡議我們要「以犧牲取代消費、以慷慨取代貪婪、以分享取代浪費」；也要「消除令世界經濟失效的結構性原因，修正那無法保證對環境尊重的成長模式」。因為，能為人帶來豐盛生活的經濟增長，必須同時伴隨著真正的社會和道德進

---

17 Gorringe, *The Common Good and the Global Emergency*, 21～39.

步，否則人最終必身受其害。[18]

誠然，葛林的營造環境神學本質上可以理解為城市規劃和發展的神學倫理。他批判、反思和檢視了我們現今的城市營造環境及其機制與背後價值觀，然後倡議更能顧及人的需要的新方向、願景和價值觀。畢竟，規劃和營造城市環境始終都是由社會上的價值觀所帶動。因此，葛林認定這意味著滲透在基督教教義及神學的價值觀，也應該在城市規劃和發展過程中有一定的積極角色。他甚至直言，這將會是應對全球緊急挑戰的「磚頭救贖」（salvation by bricks）。[19] 葛林強調，這營造環境神學的倫理根源，是建基於「神本體是空間性的」（God is spatial in Godself）的概念；而要明白如何在我們的營造環境中表徵救贖與和解的價值觀，則必須理解三一神的神聖空間性：[20]

> ⋯⋯我們所期望能在營造環境中呈現的價值觀，是源於對神的這種理解；依據它們，我們既評核已經

---

18 Pope Francis, *Encyclical Letter: Praise Be to You: On Care of Our Common Home* (24 May 2015); available from the Holy See website (https://www.vatican.va/content/francesco/en/encyclicals/documents/papa-francesco_20150524_enciclica-laudato-si.html), paragraph 4, 6, 9; accessed 1 October, 2019.

19 T. J. Gorringe, " Salvation by Bricks: Theological Reflections on the Planning Process, " *International Journal of Public Theology* 2 (2008): 98～118.

20 Gorringe, " Salvation by Bricks, " 100～101.

完成的，又展望我們可以進一步做的。[21]

及後，葛林更從恩典神學的視野深化了他的營造環境神學。他明言城市也是神給予人的營造城市空間，而神的恩典自然會喚起人的感恩，及激發他們的適切回應。葛林認為這恰當的回應就該是，人在營造城市環境時，要促使人能擁抱優雅和感恩的豐盛城市生活，從而實現他所宣稱的「磚頭救贖」。當然，這既需要人的精神心靈回轉，還要具體的重整規劃和發展方向及願景，才能帶來全方位有益身心靈的真正可持續的生活方式（truly sustainable ways of living）。葛林對這「磚頭救贖」是務實樂觀的，這種真正可持續的生活方式是可以實現的。他且相信，這會建基於恪守以彼此共識的共同利益為起點，最終從經濟延伸至全方位的文化及生活的城市空間維度。[22]

與英奇不約而同，葛林意識到，他的神學倫理必須是可以應用於現實的城市環境，才能實現「磚頭救贖」。因此，葛林有試圖以其神學倫理應用於實際的城市土地使用和規劃，從關注公共空間、居住、交通、房屋等實際課題，以至檢視現今建築和規劃進程的本質。就此，葛林認定我們的

21　Gorringe, " Salvation by Bricks, " 101. 筆者的翻譯。

22　Gorringe, *The Common Good and the Global Emergency*, 287～290.

城市建築及規劃進程，必須從看重最大功能效益的主導思維，轉向促進以下五大方向，才能達致豐盛生活：(1)構建能尊重、反映文化及歷史，富有詩意及象徵性的城市環境，而不是只為方便及有效益，卻了無生氣的城市營造環境；(2)建立公正的規劃程序及機制，以促進公眾參與及建立共識；(3)塑造可宜居、人性化及順應自然的城市營造環境；(4)切實執行及持守可持續發展原則，包括依循一般推定不准發展(presumption against development)的規劃原則；以及(5)以建立健全的社羣為最終目標，好回應福音的終極異象。[23] 無疑，葛林的努力是令人欽佩的。他開闢了一個新的方向，探索實際有效的方法和途徑，去實踐神學空間轉向中所闡述的願景和概念，但卻沒有忽略或抽離要切實面對的現行城市規劃及發展所涵蓋的機制與價值觀等。

四、「營造環境作為神學」對比「營造環境中實踐神學」

至此，我們探索空間轉向的旅程，定要駐足伯格曼(Sigurd Bergmann)所留下的另一個重要里程碑，才算得上是完整的旅程。同樣的，伯格曼也是充分認識到環境與神的動態關係。他認為我們規劃和發展城市的營造環境，是

———

23 Gorringe, *The Common Good and the Global Emergency*, 120～125.

應該建基於「一個四重愛」(a fourfold love)的關係，當中涉及環境、鄰舍、神及人自己。另外，他也有獨特的見解，強調在城市化的進程中，要能滿足人本能上渴求「在自己家」(making oneself at home)的心願。所以，我們不難明白伯格曼特別看重地方營造(place-making)的重要性，旨在於城市規劃和發展進程中充分考慮地方的歷史及文化背景，從而保育和維繫地方的認同感(place identity)，令人繼續擁抱「在自己家」的感覺。更甚的是，伯格曼的獨特貢獻在於啟發了我們，可以從另外兩個不同的思維進路去理解城市營造環境：那就是「營造環境作為神學」(the built environment "as" theology)對比「營造環境中實踐神學」(doing theology "in" the built environment)。

前者，「營造環境作為神學」的探究進路，是沒有刻意區分神學和其所處的環境，也沒有特別區分神和世界。這是鑑於基督在地的時空中已經道成肉身，故此大自然和營造環境在本質上，都是神在地顯現和行動的空間。城市的營造環境固然是我們可以感知和理解的空間，我們也同時在這裏的不同時空下，可以體驗及經歷到神在地的呈現和行動。因此，城市的營造環境也當然是一個真實的「神學知識之來源」(locus theologicus)。[24] 因為：

---

24 Sigurd Bergmann, " God's Here and Now in Built Environments: Introductory Remarks

> 神不僅在時間和歷史中，也同樣在地上空間活動和呈現。無論是神聖或所謂非神聖的建築物，都可以被解讀為神的啟示，為「神的腳蹤」（vestigial Dei），為神在創造中的建造痕迹。[25]

後者，「營造環境中實踐神學」則旨在從我們的城市的營造環境中，推理理解（discursive interpretation）此時此地在其中的神。更甚的是，這由人所營造的城市環境，無論是構建神聖的，還是非神聖的空間，都可以被視為在地實踐述行神學（doing theology）的媒介。依循這思路，與發展相關的從業者的工作，如城市規劃師、建築師等，他們致力營造可持續、公正和宜居的城市環境，為人帶來豐盛的在地生活，都可以被視為在地實踐述行神學。[26]

不過，伯格曼強調上述兩種不同的思維模式，最終的使命都是致力於營造可持續和宜居的城市環境。營造環境中不應有神聖或非神聖空間之分，因為它們是營造環境的整體，互相配搭，為人帶來豐盛的城市生活。作為總結，伯格曼更認為城市化進程及其動力，應該被理解為一個宗教過

---

on Architecture as Theology," in *Theology in Built Environments: Exploring Religion, Architecture and Design* (New Brunswick, London: Transaction Publishers, 2009), 12.

25 Bergmann, "God's Here and Now in Built Environments," 10. 筆者的翻譯。

26 Bergmann, "God's Here and Now in Built Environments," 12～14.

程（a religious process）；而與發展相關的從業者（如城市規劃師、建築師等）的城市規劃和發展工作，在某種程度上也是宗教活動，值得從神學的視野去探究、發現，以及體驗在營造環境中的「此時此地的神」（God of Here and Now）。[27] 誠然，伯格曼把城市規劃和發展的本質提升至宗教層次；與葛林稱之為從未完成的「建立在地耶路撒冷：正義、和平及美善之城」不謀而合。[28]

五、神所啟發的願景

與伯格曼及葛林相比，沙德格（Philip Sheldrake）更明確地點出，從宗教層次去思考現實的城市規劃及發展時該聚焦的內容。首先，沙德格指出城市在塑造我們的精神心靈健康上，起著至關重要的作用；而我們所營造的城市環境是否能帶來身心靈健康，卻又取決於我們對健全精神心靈健康的理解及掌握。[29] 他繼而宣揚全球未來城市所面對的不會單是經濟和社會問題，而是繫於同具挑戰性的精神心靈健康課題。因此，未來的城市規劃及發展，必須展示出這迫

---

27 Bergmann, " God's Here and Now in Built Environments, " 12～14.

28 Gorringe, *A Theology of the Built Environment*, 19. 他引用民數記十一章 29 節：「惟願耶和華的百姓都是先知」作為這書的題詞。

29 Philip Sheldrake, *The Spiritual City: Theology, Spirituality and the Urban* (Oxford/Malden: Wiley-Blackwell, 2014), 3.

切需要的、促進城市精神心靈健康的願景，好能致力營造有利於提升精神心靈健康的社區，以至整體的營造城市環境。[30] 就此，沙德格提倡了綜合的未來城市願景：「擴展的聖禮」(extended sacramentality) 和「平衡的末世論」(balanced eschatology)。前者「擴展的聖禮」，指出我們先要意識到神在我們的營造環境中的改造和救贖力量，從而看到在這裏與神相遇的喜悅和希望。若我們否定了這可能性，鑑於人固有的局限性和城市空間的有限性，我們所理解及體驗的營造環境會注定是「空虛無意義的敘事」。而後者「平衡的末世論」的重點，是人永遠都需要依靠神才能抗衡廣泛普遍的人性失落。[31] 從實際層面，沙德格則建議我們的城市營造環境要能有利於培育固有的城市美德，例如社區之間的熱情好客、團結一致、節約儉樸和相互依存等。因為，這樣才能仿效三一神相互交流的內在生活 (inner life of God-as-trinity)，正確表徵我們是按照神的形象受造。[32]

事實上，葛林更毫不猶豫地批判現代人的城市規劃和社會理論是狂妄傲慢。現代人衷心地相信人的自主、理性、完美和共同力量，可以為人創建帶來美好城市生活的

---

30 Sheldrake, *The Spiritual City*, 195～196.

31 Sheldrake, *The Spiritual City*, 201～209.

32 Sheldrake, *The Spiritual City*, 180.

營造環境：[33]

> 城市表徵了人的狂妄自大，嘗試去建立一個理想完美地方，宏揚人的全面發展、平衡和美德。這是企圖構建上帝想要構建的東西，並將人置於中心，取代了神的位置。[34]

要留意的是，格雷厄姆（Elaine Graham）提醒我們，葛林的營造環境神學是受到社會理論家列斐伏爾（Henri Lefebvre）的影響，但葛林卻不認同列斐伏爾所提出的，人可以自我實現（human self-actualization）的論點。[35] 其實，這正正點出了神學空間轉向的基本信念和獨特屬性：都是以不同的語調和重點，承認人所營造的城市環境與三一神關係的重要性，並且要妥善維繫著這關係，才能確保我們營造的城市環境能帶

---

33 Elaine Graham, " On Finding Ourselves: Theology, Place and Human Flourishing, " in *Theology and Human Flourishing: Essays in Honor of Timothy J. Goringe*, ed. Mike Higton, Jeremy Law and Christopher Rolland (Eugene: Casade Books, 2011), 272.

34 Gorringe, *A Theology of the Built Environment*, 19. 筆者的翻譯。

35 文中所述這幾十年的神學空間轉向，並不只是宗教學術研究獨有，而是與社會學科的空間轉向並駕齊驅，並特別從社會空間理論得到啟迪。雖然這不在本文的範圍內解說這學術互動及交流，讀者可以參考以下論述：Elaine Graham, " On Finding Ourselves: Theology, Place and Human Flourishing, " in *Theology and Human Flourishing*, 266; Elaine Graham and Stephen Lowe, *What Makes a Good City? Public Theology and the Urban Church* (London: Darton, Longman and Todd, 2009), 49～66; Peter Saunders, *Social Theory and the Urban Question* (Reprint, London: Hutchinson, 1984).

來真正的豐盛生活。正如前文所闡述，英奇從聖經進路展示了神、人和地方的三向三角關係，以及強調以神為中心的「在地社區」；而葛林的恩典與營造環境神學，則建基於神聖空間性和人的空間性關係；伯格曼則指出要在環境、鄰舍、神和人的四重愛關係下，如宗教進程般營造環境，去體驗和尋找此時此地的神；最後，沙德格強調要重新彰顯城市美德，成為轉化和救贖我們的營造環境的力量，使其能正確地反映三一神的形象。歸根究柢，這神學空間轉向背後的共同信念，當然就是理解人的局限和有限性而對人投下不信任票，因此從神學視野衷心邀請神的臨在，並且藉祂的力量改造和救贖我們的城市營造環境。無疑，沙德格所倡議的精神心靈城市（spiritual city），可算是這神學空間轉向的終極願景，也更清晰地提出了規劃和發展未來的城市營造環境，需要作一個轉向神聖範式（divine paradigm）的範式轉移（paradigm shift）。

接下來，米格斯（Nestor O. Miguez）從他在拉丁美洲的實踐經驗所發展出來的城市空間神學，是我們探索旅程的下一站。米格斯的實際經驗更能強化上述的神聖範式在我們未來城市的規劃和發展的必要性，以及啟迪我們當作的改變。基於拉丁美洲的社會政經環境，米格斯首先批判了人本性的靈性墮落（spiritual corruption），是可以理解的。當然，這不只局限於個人層面，而是已經延伸至整個現行世界體系的本質性腐敗，其主調是讚揚經濟上的貪婪是美德，更是推動經濟增長的引擎。米格斯認為這追求最大個人經濟利益的人性本質，自然成為塑造當前腐敗和不公正的世界政治經濟秩序的主要驅動力。這亦很大程度上相應的塑造了我們傾重追求最大經濟效益的城市營造環境；而那些能促進真正豐盛生活的元素，卻因低經濟回報，就很可能會被忽視。因為，人在地的生活目的，首要就是為了追求無盡的經濟利益，豐盛生活頂多是次要的。米格斯更引用羅馬書八章 18 至 22 節，指出這人性的精神腐敗事實上是有違神的創造意圖，而造成了「物已非如原先所創造的」（things are not what they ever created to be），反而成為「空虛、徒勞」（vanity, futility）。在這情況下，我們的城市規劃及發展旨在先要促進市場生產的暢順有效運作，次要才是為人構建宜居生活的城市營造環境，這顯然完全不符合神創造的意願。因此，這必然永遠不可能成為促進人精神心靈健康的城市營造環境。[36]

然而弔詭的是，米格斯也得承認，人是被容許在生活中行使其自由意志。所以，人的行為可以是由其固有的本性所驅動，也可以是按學識所作的理性決定，甚至只是天性

36 Nestor O. Miguez, " A Theology of the Urban Space, " *The Anglican Theological Review* 91.4 (Fall 2009): 571 ～ 572.

渴望冒險的衝動等。人面對可預計的、不能預測的、好的和壞的未來，也大致上是完全可以自行決定如何揀選。當然，這包括他們所營造的城市環境。在人享有自由意志的前提下，米格斯認為，神並沒有要求人在其歷史進程的每一步都行走正確。反之，神是隨時參與我們的歷史進程，並且就我們的行為在神所創造的世界所引發的不同場景及影響，給予發自愛的多樣式的回應。因為，神沒有一個要求人絕對跟從、先入為主，以及預定的在地行動方案，而是期盼與人保持對話，從而顧念人的多樣性情況和需要：[37]

> 這就是為甚麼在神聖範式之下，整個規劃進程必須維持願意持續和坦率溝通的動力。這固然包括個人、民族和文化（各家庭、習性、階層和行業形式等），也涉及建築物和自然環境的課題。神會參與人的歷史進程，既顧及人所計劃和期望的，但也會顧念其無法預計的。通過歷史進程，神聽到人的回答，看到人的行動，理解人的目標，並認真地看待它們。但不僅如此：神也會透過先知、信仰羣體的異象、未實現的應許、弱者的呼求，甚至是人民的行動，而採取主動、提出替代方案，重新邀請人參

---

37 Miguez, "A Theology of the Urban Space," 564～565.

> 與自己的救贖。這就是恩典之道，既不完全依賴於人的機制，但卻不排斥人的協作的恩典。[38]

所以，米格斯的結論是基督信仰羣體，是有責任憑著信心在「神所啟發的願景」(a vision inspired by God)下，承擔推動能孕育豐盛生命的城市營造環境，在城市彰顯「神承諾的臨在」(promised reign of God)，以及神所賦予的愛和希望。因為，既然我們腐敗和不公義的城市環境的根源，是人固有的靈性墮落，這自然需要依靠神的轉化力量才能走回正軌。[39] 同樣地，葛林則指出人要確切地回歸神，才能根本性地改變其思維，從而明白要從神的視野去識別及謀求真正的共同利益，不再錯誤地傾重權力或市場。[40]

簡而言之，過去幾十年的神學空間轉向，在意識上是回歸「上帝所啟發的願景」的吶喊；而在實踐的方向上，則是倡議城市規劃和社會發展要走向精神心靈健康城市的範式轉移。伯格曼明確地表示，這神學進路甚至會挑戰現行的跨學科城市研究，要更深入地反思其理論和實踐所涵蓋的人文

38 Miguez, "A Theology of the Urban Space," 565. 筆者的翻譯。

39 Miguez, "A Theology of the Urban Space," 564～565, 577～579. 米格斯強調人在規劃和發展城市營造環境時，與上帝和大自然保持持續對話的重要性——是從拯救計劃(the plan of salvation)到拯救對話(the dialogue of salvation)範式轉移。

40 Gorringe, "Salvation by Bricks," 101 and Gorringe, *The Common Good and the Global Emergency*, 34.

維度。[41] 伯格曼更以當代先知的呼聲，宣告基督信仰有其獨特的道德感染力，驅使人願意承擔責任，盡力去構建能提升人文關懷的當代城市的營造環境：

> 這是極大的挑戰：從神學進路反思城市的營造環境，同時是蘊含著一個承擔，願意致力營造一個適合全人類和一切眾生的宜居生活環境。而從神學的角度審視為美的建造物，也總是暗含著秉持公正和可持續倫理觀的宜居環境。[42]

伯格曼更期望這神學進路可以促使我們跨越常規思維，探究如何在我們的城市營造環境中，更深入地顧及人的精神心靈需要，以致能彰顯神的形象，帶來真正的豐盛生活。[43]

有意義的是，神學空間轉向不是基督信仰尋道者所構思、令人類振奮的純粹理論思維，而是充滿熱誠和滿腔熱忱的、以行動為導向的倡議。他們都認定基督信仰以人為本的價值觀，能帶來真正更豐盛的城市生活，從而提出了未來城市發展的另類願景和策略，期盼能為我們的城市營造環境

41 Sigurd Bergmann, " Making Oneself at Home in Environments of Urban Amnesia: Religion and Theology in City Space, " *International Journal of Public Theology* 2 (2008): 70～72.

42 Bergmann, " God's Here and Now in Built Environments, " 14. 筆者的翻譯。

43 Bergmann, " God's Here and Now in Built Environments, " 13.

帶來正面的轉變。更甚的是，葛林甚至把在地實現「磚頭救贖」的重擔，放在基督信仰羣體身上。他倡議基督信仰羣體要背負一個「關鍵的道德責任」(critical ethnical duty)，參與城市規劃和發展，並且相信這羣體是有能力推動那些基督信仰所重視的價值觀，從而在城市中彰顯基督信仰，也同時促使人在神的恩典下，得著豐盛的城市生活。[44] 在這方面，葛林的確也是當代基督教倫理的響亮而明確的先知聲音，劃破了一向「教會對城市營造環境的不尋常沉默」。[45]

六、城市規劃的精神心靈

不過，上述的精神心靈城市倡議，並不只是基督信仰羣體裏的孤獨聲音。城市規劃理論學者桑德科克(Leonie Sandercock)，批判及反思我們現今的城市規劃後，同樣地指出無論是城市、社會、社區或環境規劃的核心課題，根本上就應該以促進人文關懷為信念，其重點更該包括關顧人的精神心靈康健。她繼而以類似宗教口吻提醒我們，不要忘記人的精神心靈是持續處於善惡之間的道德掙扎中：

---

44 Gorringe, "Salvation by Bricks," 110～111. 葛林引用莫特曼的論述，特別指出教會要有分於城市規劃和發展，要負起一個積極和重要的合作夥伴角色，促進帶來豐盛生活的城市營造環境。

45 T. J. Gorringe, "Town Planning: A Theological Imperative?" *Journal of Theology for Southern Africa* 123 (November 2005): 16.

> 規劃的關注核心是人的精神心靈，而這心靈每天都要與信心和希望共舞。這些每天的奮鬥包括：在慷慨與克制貪婪中掙扎；要結合個人野心與公民訴求；要努力關顧他者，跟關顧自己一樣多甚或更多；要顧慮子孫後代的利益跟我們自己的一樣多甚或更多；要深思熟慮地權衡城市記憶的重要性和改變的必要性；要願意在街上問候新來者而不是加以忽視，或許更糟的加以侮辱，甚至呼喝他們返回他們原來的地方。[46]

惹人注目的是，桑德科克明言，在城市規劃中要關注人的精神心靈，不應被理解為將宗教納入現實世界的規劃：[47]

> 我認為精神心靈（spirituality）既是一種存在方式，也是一種認知方式，它蘊涵著支撐行動的某些價值觀。這些價值觀包括尊重、關懷、睦鄰；關注建立人與人之間的連結；改造脆弱社區成為彼此關愛的社區；推廣以服事他者為理念。這些都是悠久的美德，哲學家和神學家已經討論了數千

46 Leonie Sandercock, "Spirituality and the Urban Professions: The Paradox at the Heart of Planning," *Planning Theories and Practice* 7.1 (March 2006): 66. 筆者的翻譯。

47 Sandercock, "Spirituality and the Urban Professions," 66.

> 年，但卻在奉行利己主義為其道德準則的新自由主義城市中被摒棄。[48]

事實上，桑德科克宣稱她所倡議的精神心靈觀念，本質上就是要鼓吹現今的城市規劃和發展要邁向「與範式轉移沒兩樣」（no less than a paradigm shift）的新方向。現今的城市規劃一向聲稱是技術、理性和綜合分析，而且面對社會上的價值觀持中立態度，只著力於服務公共利益。但實際上，城市規劃在現實的社會政經環境下，卻往往確實被認定在取態上是有價值偏向的，並且在很大程度上是由政府主導（state-led）。面對當今全球城市所面對的高度多元文化和多樣化社羣的願望及需求，這注定是無法理解，更遑論求取共識。要能克服這挑戰，桑德科克建議採用一種更具交流性、互動性和以人為本的規劃方法和機制，以期更加敏銳及適切地關注本土社區的價值觀、傳統智慧和多樣性的本土文化。[49]

總的來說，桑德科克呼籲以更長遠眼光去規劃及發展城市，轉向精神心靈康健的範疇，包括復興那些促進人民關懷的悠久美德。她倡議重新定位現今的城市規劃，要跨越一

---

48 Sandercock, " Spirituality and the Urban Professions, " 66. 筆者的翻譯。

49 Leonie Sandercock, *Cosmopolis II: Mongrel Cities of the 21st Century* (London/New York: Continuum, 2003), 209～211.

向傾向功能效益的思維，改為以提升人的精神心靈康泰為城市規劃的認知及遠象，才能構建能為現在及未來城市的人帶來真實豐盛生活的城市環境。[50] 同時，桑德科克的貢獻也是意義重大的。因為，她代表了城市規劃專業的批判性反思，並且提出了未來城市規劃和發展的新方向，特別是警惕我們要包容現今普世的多樣性、確保環境的可持續性、保持文化的特性和延續性，以及連結普世多元的社區。這新的解決方案必須不再是建基於過分崇尚技術、功能和效率的傳統智慧，而是以人的精神心靈康健為主導思維，建立相互連結、互相關愛和彼此融合的社區。也許令人意外的是，這城市規劃學者所倡議的新方向，其針對人精神心靈的願景和價值觀，與神學空間轉向所提倡的回歸「神所啟發的願景」有很大程度上類同，儘管調子及背後信念有所不同。

七、推動願景和概念的框架

至此，我們走完了探索神學空間轉向的旅程，可以綜合概述其重點，作為城市規劃和發展的一個參考性工作框架。首先，神學空間轉向的思考起點，是神、人和地上空間（包括城市營造環境，更不區分神聖或非神聖空間）一個

50 Sandercock, "Spirituality and the Urban Professions," 65～66.

三向三角關係，而這「關係化地方觀」是所有構建環境神學論説的基石。再者，三一神是轉化和維繫我們的城市營造環境，讓我們在身心靈上獲得豐盛生活的泉源。因為，我們在那裏可以與神相遇，並被賦予能力及恩典。伯格曼更進而演繹這「關係化地方觀」為涉及環境、鄰舍、神及人自己的「四重愛關係」，因而他強調社區建設在我們營造城市環境的重要性。所以，我們規劃和發展城市營造環境的過程時，必須要認識到人的局限性（包括人本性的靈性墮落），理解到造物主神才是真正秩序和有序規劃的源泉，然後願意與造物主神保持不斷的對話。同時，我們也必須仰望復和者耶穌基督，祈求祝福和賜下勇氣，在我們的社區中促進正義與和平；亦要祈求那救贖世人的聖靈，向我們啟示改進我們未來的營造環境的靈感和願景。最重要的是，我們規劃和發展城市的營造環境的進程，應被視為一個宗教進程，推動著神所啟發的願景。這進程的最終願景是建立可持續、公正和宜居的精神心靈康泰城市，重視人文關懷、本土價值觀、多樣性文化、共融社區等城市美德，不會只著力於城市經濟回報和效益。綜合上述，筆者以後頁的示意圖 5.2，嘗試以圖表解說神學空間轉向的核心願景和概念：

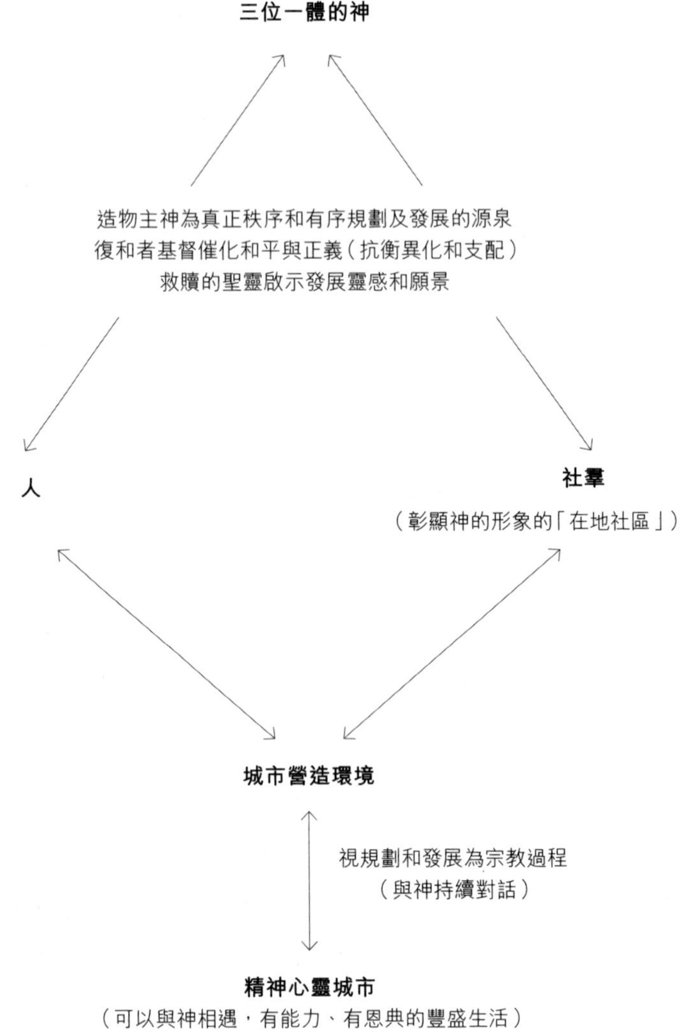

圖 5.2：神學空間轉向的核心願景和概念

驟眼看來，這精神心靈城市只是神學空間轉向的宗教願景，縱然是具先知性和行動導向的宗教吶喊。但本質上，這其實也是回應我們的城市營造環境危機所提出的道德呼籲，期盼能回到「優裕和感恩的生活、農業、商貿，以及建築」的惟一救贖之路。[51] 以今天的規劃術語來說，這明顯就是倡導現今城市規劃及發展的範式轉移。要應對這危機，得從優先考慮最大經濟回報和效益的思維，轉到優先關注人文需要和社區營造等願景，確保所構建的，是現在和未來都宜居和可持續的城市營造環境。用葛林的宗教語言就是：

> 我們所信的神存在於整個宇宙中，但並不干預以阻止悲劇的發生。然而，這三位一體的神寧願呼召我們以感恩的態度去生活。只有這樣，我們才會在自己所營造的世界中促成正義和美善，而這也將是人能否擁有美好未來的關鍵因素。[52]

最後，筆者亦試圖以後頁表 5.1，扼要概述在城市規劃和發展中要認真考慮的重點因素及目標，以實踐上述神學空間轉向的願景和概念。

51　Gorringe, *The Common Good and the Global Emergency*, 288.

52　Gorringe, *The Common Good and the Global Emergency*, 290. 筆者的翻譯。

表 5.1：神學空間轉向倡議優先考慮的重點因素和目標

優先考慮的重點因素和目標
• 城市營造環境是表徵神形象的在地空間，要能促進遇見和體驗「此時此地的神」，從而獲得真正的豐盛生活的環境。
• 人應要充分認識到自己的局限，面對自然環境的有限，意識到人性固有的靈性墮落，以及依靠轉變人心的神，然後以尋求真正的共同利益為構建城市營造環境，帶來豐盛生活以彰顯神的形象和恩典。
• 我們需要批判及反思傳統慣常旨在爭取經濟最大效益的增長模式，並且要探索在規劃和發展過程中更看重人身心靈需要的另類的增長模式。
• 同樣重要的是，能帶來豐盛生活的城市營造環境，不僅需要科技躍進和經濟繁榮的成就，更須伴隨著相輔相成的人文精神、社會和道德發展。
• 未來規劃和發展的可持續及宜居城市營造環境，是要能促進身心靈康健的精神心靈城市，而不會因著追求經濟高增長而犧牲這身心靈康健的福祉。
• 我們應該共同竭力在城市規劃和發展過程中，尊重地方認同和集體記憶，盡心盡力做好地方營造，以保持本土文化和延續歷史。因為，這些也是城市的重要精神心靈屬性。
• 我們規劃的城市營造環境必須是可持續的、對自然具抗禦力，以及符合綠色環保的，從而確保我們自己和子孫後代，都能擁有更優質的城市生活。就此，我們要承認人相對於大自然的有限，而無限的增長是不可能的。
• 最重要的是，我們的城市營造環境要能孕育共融、多元化、公正和喜樂的社區，進而促使這些社區躬行實踐，去推動和廣傳那些城市美德，包括彼此連結、節約樸素和守望相助等。

總而言之，圖 5.2 和表 5.1 概括了神學空間轉向的關鍵重點和目標，可以視為一個原則和參考性工作框架。當然，筆者無意把這工作框架機械式地應用到現實中不同社會政經背景的規劃和發展個案。然而，現今的城市規劃都容許不同程度的公眾參與，以期建立共識，筆者期盼這個工作框架能夠方便我們，特別是基督信仰羣體，從這新而另類的神學空間所倡議的願景和價值觀，並結合在地的社會政經背景，參與城市規劃和發展，以推進能帶來真正豐盛城市生活的城市營造環境。

（本文轉載自《建道學刊》第五十五期〔2021 年 1 月〕，頁 91 ～ 132，已獲建道神學院授權轉載。）